极简执行力
执行越简单越好

江青山◎著

中国商业出版社

图书在版编目（CIP）数据

极简执行力：执行越简单越好/江青山著. -- 北京：中国商业出版社，2020.9
ISBN 978-7-5208-1178-1

Ⅰ.①极… Ⅱ.①江… Ⅲ.①企业管理—人力资源管理 Ⅳ.① F272.92

中国版本图书馆 CIP 数据核字（2020）第 104134 号

责任编辑：侯 静 杜 辉

中国商业出版社出版发行
010-63180647 www.c-cbook.com
（100053 北京广安门内报国寺 1 号）
新华书店经销
三河市国新印装有限公司印刷
*
710 毫米 ×1000 毫米　16 开　13.5 印张　200 千字
2020 年 9 月第 1 版　2020 年 9 月第 1 次印刷
定价：49.00 元
****
（如有印装质量问题可更换）

前 言

数字时代，执行越简单越好

2019年春天，朋友从海外留学归来，约几个关系不错的伙伴吃饭。席间，朋友跟我们聊了关于留学的见识和趣事，当然主题还是他想归国创业，让我们提些建议。朋友打算做咨询，他拥有丰富的专业知识，但缺少管理经验，问我们该如何建立团队，如何管理。

伙伴中有几个人刚经历过独立创业，有人甚至还担任着企业的高管，对于这个问题并不陌生，因此大家都毫不隐瞒地将这几年的从业经验告诉了他。

从大家的只言片语中，我总结出一条规律：管理要平台化，执行要简单化！

当然，我也非常认可这个观点：执行简单化！

跟朋友分开后的几天内，我陷入了深深的思考中——如何才能将工作简单化，进而提高执行力呢？为了提高执行力，如何才能从纷繁复杂的管理中抽身出来？

为了找到答案，我开始收集资料。我打开网页，一条条地搜；我添加公众号，一篇篇地看；我购买图书，一页页地读……经过一个月的查阅之后，我终于找到了答案。

为什么有些员工不用加班也能高效地完成工作，而有些人却即使熬夜也没有效率呢？

为什么有些员工的工作总是做不完，而有些人却总是无事一身轻？

面对快节奏和过于复杂的工作环境，为什么有些人忙得焦头烂额？而有些人却乐在其中呢？

因为，前者将简单的事情复杂化了，而后者却遵循极简主义，将复杂的工作简单化了。

遵循"断、舍、离"的原则，我们的生活就会更加美好；同样，将这一原则运用在工作中，员工的执行力也会加倍提高。隔断工作中无关的环节，舍掉执行中多余的步骤，去除影响执行力的因素，执行才能变得轻松起来。这就是简化的力量！

执行力历来都是企业管理中的常见问题。企业执行力不强，致员工工作效率差，是任何一个团队都不希望看到的情景。可是，众多团队总是被这个问题所困扰：管理者给下属下达了任务，下属却行动慢，执行差，结果不理想……随着差错的不断增加，企业的正常运作就会受到影响，而这也是所有领导者都不愿看到的一幕。

为了给企业或管理者以帮助，笔者将自己的感悟编撰成书，供大家借鉴。该书从管理平台化入手，介绍了提高执行力的有效方法，比如，重视人才培养，加强内部沟通，积极打造团队，提高授权效果，做好绩效考核，做好员工激励，设立规章制度，明确企业文化……将这些都做到位，执行起来也就简单很多，执行效果也会更好。

因此，一切简单化，执行力就会提高很多！

目 录

第一章 管理平台化，管理无界化
管理困惑：数字时代管理遭遇的挑战 / 2
新的希望：平台化管理的崛起 / 6
加强认知：平台化管理的特点 / 9
直击痛点：传统企业的执行力之困 / 12
引入执行力：管理平台化，执行力更简单 / 17

第二章 执行太复杂，终将成为纸上谈兵
简单而行：执行越简单，竞争优势就越大 / 22
提高速度：执行要快 / 25
创新思维：创造力是提高执行力的关键 / 28
周全细致：完美执行，不放过微不足道的细节 / 31
少些妥协：执行任务不能打折扣 / 34

第三章 领导和管理的本质是极简主义
压缩时间：砍掉冗长会议 / 38
关注当下：请放下经验主义 / 42
精简内容：放过太多的细节 / 45
能屈能伸：退一步海阔天空 / 48
抓住重点：面面俱到等于什么也做不好 / 51

第四章 人才培养：素质提升，执行起来更简单

敢于担责：责任心强，才能为执行力护航 / 54

内心忠贞：忠诚可以提高执行力 / 57

少些拖延：立即执行，绝不让拖延养成习惯 / 61

抓紧时间：集零为整，善于管理时间 / 64

永不放弃：遇到问题也要坚持，不轻易放弃 / 67

第五章 内部沟通：沟通到位，执行力也能提高

一起发言：双向沟通，才能事半功倍 / 70

分享交流：设置开放的交流平台，及时分享信息 / 73

区别对待：针对不同的人采取不同的沟通方式 / 76

释放情绪：让员工释放负面情绪，维持理性与感性的平衡 / 79

掌握好度：过度沟通，事事沟通，执行力也不会高 / 83

第六章 团队打造：打造高执行力的团队最重要

明确目标：制定明确的目标，确定执行的方向 / 86

设定愿景：用愿景将大家集合在一起 / 89

减少依赖：不让员工做"乞丐"，促使他们动起来 / 92

合理施压：引进"鲶鱼"，点燃员工的激情 / 95

危机意识：让员工树立一定的危机意识 / 98

第七章 有效授权：给员工权力，让其主动执行

正确选人：选对人，才不会影响执行力 / 102

因事设人：实现岗位和员工的匹配，才能人尽其用 / 105

明确指令：正确给下属分配工作，让他们立即行动 / 109

权责平衡：授予权力的同时让员工承担起责任 / 112

建立标准：建立一套合理的用人标准，有度可循 / 114

第八章　绩效考核：用绩效鞭策员工执行

设定指标：设定有效的绩效考核指标 / 118

制订计划：制订完善的绩效考核计划 / 122

公正公平：有失偏颇的绩效管理会失去人心 / 124

重视价值：绩效管理的平衡点在于价值创造 / 127

工具选择：选对绩效管理工具，做到事半功倍 / 129

第九章　员工激励：执行力离不开激励的作用

尊重员工：要想提高执行力，请从尊重员工开始 / 136

信任员工：给员工多一些信任比什么都重要 / 140

赞美员工：发挥赞美的魅力，给员工执行的动力 / 143

融入情感：用情感激励，用真心换取忠心 / 146

晋升诱惑：用晋升提高员工执行的积极性 / 149

第十章　制度保障：用制度来保证执行力的实施

制定制度：制定合理的管理制度 / 154

流程优化：优化流程提高执行力 / 157

合理惩罚：违反制度，及时惩罚 / 159

合理调整：适时调整制度，提高执行力 / 161

杜绝歪风：杜绝"上有政策，下有对策"的歪风 / 164

第十一章　文化赋能：优秀的团队文化利于执行力的改进

协作：少些单打独斗，多些通力合作 / 168

共赢：用共同利益调动人们的积极性 / 171

分享：建立互相成就的知识分享体系 / 173

共情：用感情推动大家一起努力 / 176

合伙：确立合伙人机制 / 178

第十二章　品牌价值：正确的价值导向能够提高执行力

确立战略：找准战略理念 / 182

正确决策：你的决策在点还是面 / 184

魅力吸引：打造人格魅力，扩大影响传播 / 187

简单环境：营造快乐的工作环境 / 189

仪式感：管理要有仪式感 / 192

第十三章　区块链时代：应用区块链更能极简执行

优势凸显：区块链赋能管理的特点 / 198

管理应用：区块链在管理中的落地应用 / 200

后记

无为而治　极简执行 / 206

参考文献 / 208

第一章
管理平台化,管理无界化

管理困惑：数字时代管理遭遇的挑战

最近几年，随着科学技术的飞速发展，我们逐渐走进了数字时代，管理者该如何面对管理中出现的新问题？过去几年，对于企业来说，最大的挑战是数字化对企业发展的促进。各企业都在努力找寻方向，一个常用词语就是数字化转型。数字化转型的方法很多，只有采用正确的方法，才能转型成功。

如今，有些企业已经走在了数字化转型的道路上，有些企业甚至已经取得了一定的成绩。归纳起来，它们之所以能取得这样的成绩主要原因有二：一是企业与用户积极互动，二者有机结合；二是企业运营借助数字发展而提高了速度。

众所周知，企业没按预期的方向发展，并不是因为忽视了数字市场或数字改变的技术，也不是因为不了解数字时代对企业的要求，更不是因为数字带给企业的变化……这些问题大家都懂，但为什么不同的团队，却会表现出不同的发展态势？因为企业的能力和发展还没有实现快速匹配，传统企业管理在数字时代遇到了更多的挑战。

一、数字时代，管理遭遇的挑战

挑战1：智能化融入工作

随着智能化的发展，我们的工作发生了翻天覆地的变化。事实也告诉我们，只要在工作中融入智能化，我们的工作就会方便很多，效果也会大大提高。举个例子：

阿尔法狗(Alphago)由谷歌的旗下Deep Mind公司戴密斯·哈萨比斯领衔的团队开发，2016年3月与围棋世界冠军李世石展开了围棋人机大战，结果以4∶1的总比分获胜；同年年末，其与来自中国、日本、韩国的10位围棋高手进行快棋对决，连续60局，都大获全胜；2017年5月，与世界围棋冠军柯洁对战，最终以3∶0的总比分获胜……显然，阿尔法狗围棋的棋力已经远超人类职业围棋的顶尖人士。

……

这些事情简直就是神技！可是，这种事情确实每天都在我们身边发生。

人工智能的普及应用，让数据的供应和处理能力不断整合，先后开发出了语音识别、图像分类、机器翻译和问答系统。随着这些技术的不断发展，当这些计划与商业社会融合时，不仅创造了巨大的经济利益，还颠覆了企业原有的经营和管理方式。

挑战2：团队形式变得日益复杂

数字时代，团队变得更加复杂，必然会出现的几种趋势见表1-1。

表1-1　数字化时代团队发展趋势

趋势	说明
团队结构扁平化	在数字技术的推动下，部门之间、层级之间的信息屏障会被逐渐打破，信息在不同部门和层级之间得到传递和共享，形成一种完整的信息流，减少了逐级汇报，压缩了团队结构的层级，减少了职能部门，促使团队结构日益扁平，更加敏捷，更加灵活，更加快速，更加高效
团队关系网络化	随着团队结构的扁平化，团队关系会日趋网络化，协作性更强。员工间的纵向分工不断减少，横向分工和协作不断加强，借助数字智能化系统，员工和管理者都能掌控信息，管理更加透明，员工的公平感逐渐提高
团队规模灵活化	借助数字技术，企业就能对资产绩效进行监控、分析与预测，将非核心和非战略性的资产外包出去，灵活轻巧地应对外界变化。为了降低成本、提高应变能力和提升竞争能力，公司完全可以用数据建模来对业务剥离、流程再造、业务流程外包等进行分析
团队边界柔性化	数字技术对资产绩效的建模分析，可以促使企业将非核心业务剥离，促使外包业务的发展。将数字技术应用于就业市场，自由灵活的弹性工作制就会成为可能，团队的内部边界和外部边界也会变得日益模糊，灵活性更强

挑战3：年青一代对个性化的追求

数字时代，年轻人更加追求个人满足，更加在意个性化的追求。他们喜欢凸显个性，渴望得到关注，渴望自我价值的实现。

（1）个体需求的变化。新时代的个体不再满足于成为标准化流程中的一个节点，也不甘心只做企业的一颗螺丝钉。新时代下，情商和智商将以独特的方式结合在一起，管理者需要用情商弥补数据智能的理性，让团队变得更加人性化。在更加人性化的环境中工作，人们不仅能高效完成任务，实现自我调节，也更具有创新精神和创造力，甚至对其他成员造成影响，散发出积极正面的能量，引领下一轮创新变革。

（2）新生代的需求。新生代的思维方式和认知已经发生了巨大变化。在互联网、新媒体等新兴行业中，新生代已经成为职场中的主力军。

（3）追求自我价值。新生代拥有更加丰富的教育背景，面临着更多样化的选择，更注重个人发展，更在意内心感受，更加渴望自我价值的实现。他们极度渴望获得进步和成功，这是他们频繁跳槽的根本原因。

（4）少了大公司情结。新生代喜欢扁平化的层级关系，更希望在平等尊重的氛围中工作，不喜欢受到制约，不喜欢层层汇报的大公司制度。

此外，新生代人员还有这样一些特点：他们与科技的结合更加紧密，对高科技和互联网产业比较了解；愿意与公司一起成长，更看中自我价值的实现；工作时间比较灵活，能够承受加班的压力；有自己的兴趣和爱好，并愿意为之付出……

二、数字时代的关键认知

要想了解数字时代，就要改变认知，提高认识，关键点在于：

1. 一切都在转换为数据

当周围的众多事物都在向数据转化的时候，"数据"也就成了核心。数据可以是对市场的洞察、对人性的洞察、对商业的洞察，也可以迅速转换成行动。

2. 可信与协同都是关键

在这个世界上，最重要的是安全和信任。如果企业无法提供安全和信任，协同也就失去了存在的基础。从这个角度来说，不管国际形势如何变化，我们都是命运共同体，其核心是有真正的信任和安全感。

3. 从竞争逻辑转向共生逻辑

企业战略必须从竞争逻辑转向共生逻辑。工业时代，企业之间强调输赢；数字时代强调创造需求。创造需求，不是一个输赢的概念，而是涉及生长空间的概念。

4. 连接比拥有更重要

互联网时代，多数创新都是现有事物的重组，企业要提高连接共享创新的能力。

新的希望：平台化管理的崛起

历史的飞轮高速转动，众多商业巨头纷纷倒下，新兴的巨无霸快速崛起；传统的优秀企业慢慢掉队，后起之秀奋勇直追。数字化时代，企业应该思考的问题是：该如何适应时代发展，如何在生态系统中顺势成长？平台化管理的崛起，让我们看到了新的希望。

从2014年顺丰开始提倡"合伙人制"，鼓励员工尤其是中西部的员工自己创业，公司会为他们提供帮助；人力资源部的工作，不再是简单地传授供应链知识，而是教合作伙伴如何搭建和管理团队，提升他们的领导力。

数字变革最终必然会彻底改变整个社会，影响范围之广，变革速度之快，将远超想象。随着数字化进程的不断推进，互联网数字平台的平台效应开始显现，利益和价值以最快的速度向少数企业集中，剩下的变革时间还有多久？

过去10年，各行各业都出现了互联网平台，通过各类团队形式，打造了数字网络平台，以更低的成本和更便捷的方式实现了供应商和用户的匹配，加快了供需双方的互动，建立了有效的信任机制。例如，Uber能够调度数百万辆车，为全球亿万人群提供服务。借助数字技术和智能设备，这些平台将人、资产和数据汇集到一起，通过实时匹配，增加了社会整体效益。

未来，产业必然会更加平台化。因为产业全链数字化相连，提供端到端的优质体验和差异化服务，不仅能保持运营的效率和灵活性，还能降低供需双方的交易成本与摩擦成本。如此，数字技术不仅会转化为更高的平台价值或更低的交易成本，还能从根本上改变商业模式及价值的创造机制。新型的商业模式必然会更加依赖数据分析和智能设备，开放的数字化平台将成为生态系统的重要组成部分。

平台化管理就是，顺应数字变革，人和团队需要共同升维（认知）与微粒化(手段)的一种新型管理理念和实践，目标是实现关系多样化、能力数字化、绩效颗粒化、结构柔性化和文化利他化；基本要素是基于数字技术的流程重构、基于个体自我驱动的团队变革、基于互相成就的心态集体升级。

企业机制的改革，就是要按照市场机制，努力实现"四化"：企业平台化、管理扁平化、项目市场化和员工创客化。

1. 企业平台化

互联网时代，不仅要打破传统的科层制，更要将自身变成平台、将员工变成创客。

企业平台化就是，改变吃大锅饭的状态，将平台变成孵化器，实现内部双赢。企业平台化，员工的收入源于创造的业绩，员工虽然可以享受平台的扶持，但不能享受平台的"铁饭碗"，并不是一劳永逸的。

经营上采用"横向发展"模式，缺少做深与垂直的精耕细作。企业平台化后，也就进入"垂直发展"模式：各经营体为垂直开发的产业提供服务，盈利转向线上线下；团队变成创客，不仅懂经营会算账，还能兼顾市场开发、客户开发和产品创新等。

2. 管理扁平化

在这个世界上，所有的企业都是金字塔形的，一层一层下来，也叫官僚制。过去，企业规模扩大，就会增加很多管理部门。这种管理模式成本高、效率低，严重阻碍了企业的转型升级。

"扁平化"管理较好地解决了等级式管理"层次重叠、冗员多、团队机构运转效率低下"等问题,提高了信息流的速率和决策效率。

数字时代,企业管理上减少了中间层,指挥链变得越来越短,权力被分发给各经营体、项目负责人,他们享有独立的人事、财务等权力,工作效率会显著提高。

3. 项目市场化

对于项目来说,立项、实施和运营的分离是传统企业流行的方式。互联网时代,三者责任制分离是企业转型努力的方向。

项目市场化,就是要在企业平台化的条件下,让好项目实现价值变现,让有能力的团队找到创业平台。比如,以项目盈利的企业,就要努力探索一种独特的发展模式——"多维度动态型项目制"开放平台,与优秀团队合作,采取盈利分成模式,突出"一地一策、一客一策、一品一策、一项一核算"等机制。

4. 员工创客化

传统企业长期实行"职能型团队、企业化管理",市场主体不明,员工虽然享受着机制福利,但安于现状,缺乏良好的激励机制。建立合伙人制度,就能调动员工的积极性;将员工的个人发展与平台发展结合起来,员工就能以主人翁的姿态对待工作,将团队打造成命运共同体。

加强认知：平台化管理的特点

平台化管理究竟有哪些特点呢？先来看看下面两个场景：

场景一：

在广东东莞的分拣中心，京东共设立了300多个分拣机器人，没日没夜地工作，并然有序地取货、扫码、运输和投货，每小时能运送约12000件商品。

该分拣中心原本需要3000多名员工，引入分拣机器人后，需要的工作人员还不到20人，不仅减少了人力投入，还大大提高了工作效率，因为机器人可以24小时持续工作。

场景二：

为了执行目前计算机不能完成的任务，亚马逊公司发明了"土耳其机器人"，使用计算机程序员，就能调用人类智能，将电脑无法完成的脑力工作自动化。通过全球人力资源，拥有了企业需要的各种技能，不仅能轻松完成工作任务，还减少了人力成本的投入。

数字革命催生的新型商业模式正在改变我们生活中的各种关系，旧模式下的社会结构和管理理念也逐渐发生了改变。平台化管理主要有以下几个典型特征：

1. 关系的多样化

企业发展的驱动力是人的创新力，因此人的边界就是团队的边界。平台化管理，不仅能将企业打造成一个无边界的团队，打造出可以无限拓展的商业模式，还能让个体的创新活力得到最大释放。战略的选择、团队的变革和企业文化的升级，必然会对企业内的人际关系、用户关系、企业与企业间的关系造成巨大影响。

平台化企业的"信任存量"是竞争力的重要标准，所有关系都以此为基础。数字时代，传统的雇佣关系与上下级关系依然存在，却发生了本质变化：雇佣关系中融合了平等与合作，上下级关系加入了赋能和成就。此外，还产生了新的关系，例如，用户就是员工，员工也是用户。

平台化企业重视个体的独立性，人与人的关系也更平等。在职场的聚散中，一旦人际关系呈现出灵活多变，平台化企业就会形成一种协作的、共情的关系。如此，也就回归到了人性的本质需求——支持与尊重。

2. 能力的数字化

借助数字智能系统，平台化企业就能构建起战略性资产，调取社会资源为企业所用，减少重复资产投入，创造出最大的剩余价值；平台化企业就能用低成本提供快捷服务，创造价值，降低交易和摩擦成本，实现自我优化。

平台化企业所需的管理者不是通常意义上的"强势领导者"，而是可以成就个体实现自我价值的赋能型管理者，可以帮助个体发展的教练型管理者。企业要想适应数字时代多变的消费者需求，就要向柔性化团队与云组织转变，要将领导力与企业文化渗透到团队的各个角落，对团队和个体产生影响。

与平台管理相匹配的领导力，不是"强"，而是"柔"，管理者要适应以平等为主、纵向关系为辅的管理关系。

3. 结构的柔性化

经过团队变革，团队体系就会向扁平、网络、开放的无边界平台生态系统转变，员工合作各方也就成了资源整合单元，能够随时随地选择合作伙伴，调用平台资源。借助强大的基础设施、灵活多元的组合方式，员工的积极性就会被激发，平台的规模和影响力就能立刻扩大。

4. 文化的利他化

平台化企业文化的中心是利他，赋予个体强烈的使命感。企业文化的成败关键在于个体对企业文化的理解和认同程度，升级的理念和行为准则可以使个体产生强烈的使命感和驱动力。利他的企业文化就是自我激励的原动力！

信念和行为准则也是一种强大的精神支柱，能使人们产生认同感和安全感，起到相互激励的作用。

直击痛点：传统企业的执行力之困

执行，就是"做"。

执行贯穿于生活、工作的各个方面，任何人、机构、组织、团体都能成为政策的制定者，也是政策的执行者。

零售业在美国是成熟的竞争行业，按照传统的经济学观点，它几乎无利可图。可是，沃尔玛的创始人山姆·沃尔顿独树一帜，拉大了与竞争者之间的差距。

为了实现战略目标，沃尔玛对员工进行了多方培训，对服务细节更加追求完美，比如：员工要对3米以内的顾客微笑，微笑时要露出上排8颗牙；不能拒绝顾客的提问；统一采购，集中发货，每天都会为用户提供低价商品；为了加强货品传递与管理，建立了全国卫星联网的管理资讯系统，仅货品被偷窃的损失率就比竞争者少1%。

在沃尔玛，员工已经将公司的执行文化转化为自己的行为规范，成就了特有的员工执行力，培育了企业的核心竞争力。

沃尔玛就是以这种看似平淡无奇的管理方法，成为全球最大的零售企业的。在过去几十年的时间里，任何公司都没有学到沃尔玛的管理方法。

执行力反映了公司的核心竞争力，反过来说，企业核心竞争力也在于执行力。核心竞争力有两个最简单的定义：我的产品别人不能替代，我的本事别人无法模仿。无论是有形的商品，还是无形的服务，有无替代品，有无能力让别人模仿，都是最重要的。

摩托车不能挡住客户的家门口。

送餐完毕，要对客人说："祝您用餐愉快！"

送餐后，立刻到店里报到，不能在外面耽搁，否则会立刻受到处分。

送餐员如果在路上发生意外或违反交通规则，要受罚……

为了确保送餐员做到这些，送餐员上岗前要经过严格的训练。

对必胜客来说，高效的执行力就是其核心竞争力。经验告诉我们，核心竞争力的打造，既不依赖于某种方法，也不是某个固定模式，而是执行力的提升。

执行不力，在执行过程中产生偏差甚至错误，就会对实际效果和最终结果产生巨大影响，甚至导致项目的失败、方案的流产。传统企业的执行力困境，主要体现在以下几个方面：

1. 制度方面存在的问题

这里所说的制度主要是指公司运作必需的、成文的，用以约束公司行为、成员行为的规章制度。

为了维持公司的有效运作，就要制定各种规章管理，如考勤制度、薪酬制度、福利制度、日常管理制度、销售制度、升降级制度、考核制度、财务管理制度等。

在公司里，制度对执行力有着巨大影响，主要体现在以下几方面：制度不合理；制度不健全，不成体系；制度不完善，有各种漏洞；制度的贯彻实施情况不一，严重影响员工的积极性。比如，公司没有明确规定或没有详细说明营销人员的工作职责、工作权限，在执行各种政策的时候，营销人员就会感到无所适从或胆大妄为，最终影响执行效果。

再如，公司对于员工的考勤管理比较松散，员工就会养成自由散漫的生活、工作习惯，执行政策时员工的专注程度和效果可想而知。

人首先是自然人，要把员工的自然属性约束到一定范围内，遏制他们自我膨胀和过度自由化；然后，在公司制度的范围内，在公司既定目标的指引下，发挥他们的社会属性。

制度化的管理是民主化、人性化管理的前提，离开制度化的管理，就容易本末倒置，也无法保证执行效果。

2. 流程方面存在的问题

营销流程主要存在的问题有：

（1）职责分配不合理。员工工作分配不均，忙碌的人，整天都在加班；空闲的人，如同闲云野鹤。

（2）职责不明晰。存在"三拍"现象：遇到好事，员工会拍胸脯保证；逢到难题，员工会拍脑门思考；遇到错误，员工会拍屁股走人，找不到需要承担责任的人。

（3）流程设计不合理。主要表现为：流程内容不全面，流程设计环节多，流程过程太烦琐，流程内容太粗劣，工作效率低，员工权限大，员工能动性小，流程缺少有效控制，流程成本太高。

（4）缺乏合理、高效的反馈机制。在流程运作中，反馈相当重要，反馈不及时、不迅速、不准确，既无法保证流程的顺畅，也不能有效保证执行效果。

在营销政策或营销方案的流程运作过程中，需要众多部门配合，牵涉公司的所有部门，一个环节没有协调好或出现问题，就会浪费很多时间。营销体系中的工作流程非常重要，只有合理、高效、低成本的工作流程，才能保证政策执行的有效性。

3. 监控方面存在的问题

从本质来说，监控主要包括前馈控制与事中控制，主要保证了监督的时效性和即时性，就能将众多问题消灭在萌芽状态杜绝拖延时间、浪费资源。这里，我们主要说一下监控。因为在实际运作与执行中，监控不力，会给企业带来极大的危害。

（1）缺乏系统、完善、规范的监控机制。如今，很多公司都已经意识到了监控的重要性，重视监控机制的健全完善，但很多依然停留在表面阶段，没有制定系统、完善、规范的监控制度，容易造成"无法可依"的严重后果，营销的执行依赖于执行者的自觉、自愿和积极性。在某些行业，如营销行业，员工的能动性和积极性非常重要，但人是最复杂的生物，营销执行的最佳组合是：制度的约束，监控体系的督促，再加上员工的主观能动性。

（2）缺乏合适、有效、到位的监控手段。即使设定了完善的监控体系，但是缺乏相应的监控手段，监控也无法取得理想的效果。因为有些行为具备很强的行业特点和特殊性，涉及的问题可能也很敏感，如此，在实际的监控中，就要重视监控手段的多样性和艺术性，否则，不仅无法实现有效的监控，还会适得其反。

（3）如果制度或体制流于形式，那么再好的制度、再合适的方法，都没用。要想真正起到监控的作用，监控行为应该贯穿到执行的每一个环节中。执行过程中的每个环节都处于有效的监督和控制中，执行效果自然也就不会出现太大的偏差了。当然，制定监控机制的时候，不要将员工想得太简单、太纯洁，要把他们当作一个真实的自然人来看待。因为只有这样，才能将细节化的问题认识清楚，才能全面、系统、详细地制定出有效的监控制度，同时配合公司的奖惩制度，真正落实好监控工作，为工作任务的有效执行助力。

4.执行者自身存在的问题

执行者自身存在的问题主要表现见表1-2。

表1-2 执行者自身存在的问题

问题	说明
能力素质问题	在政策的执行中，员工的个人能力、综合素质等决定了员工能否准确地理解把握问题，决定着他们能否正确及时地执行
忠诚度问题	如今，员工的忠诚度问题确实让很多管理者感到头痛。一旦员工产生"个人至上"的念头，就会对待遇斤斤计较，就会出现思想波动，执行力自然会受到影响

续表

问题	说明
个人品质问题	员工的品质问题是个人问题，要想提高员工的品质，就要关注他们的思想教育，设定有效的监控机制，加大奖惩制度的执行力度

5. 管理问题

管理问题涉及面比较广，牵涉也比较多，主要包括：行政管理、财务管理、生产管理、人事管理、物流管理、销售管理等。

管理对营销执行力的影响贯穿在执行的整个过程中，每个细节都涉及管理问题。为了保证执行的力度和效果，就要做到：管理的公平、公正和公开；管理的制度化、规范化、系统化、全面化、细节化和人性化。

公司的发展需要经历一个长期的过程，管理也是一个系统工程。管理者在分析执行力问题时，就可以从以上几方面来分析，找到问题关键，结合变革成本，进行变革可能性分析，增大协调力度，有的放矢。

引入执行力：管理平台化，执行力更简单

企业虽然制定了好的战略，却缺少执行力，也会导致失败。在多数情况下，企业与竞争对手的差别就在于双方的执行力。要想打败竞争对手，管理者就要重新审视角色定位，改变过去"策略上的巨人，执行上的矮子"的定位，增强自身和企业的执行力。

执行力是贯彻战略意图、完成预定目标的操作能力，是把企业战略、规划转化成效益、成果的关键，主要内容包括：完成任务的意愿、完成任务的能力以及完成任务的程度。只要做到以下几点，提高执行力就会变得非常简单。

1. 做好执行力的培训

为了提升员工的能力，就要结合员工的观念、心态和工作，建立行之有效的执行力培训体系。在工作中，员工会提出很多问题，比如：不知道该做什么、该怎么做、做到什么程度、何时何地做等，要结合工作实际与员工心态进行有针对性的培训，逐渐提升员工的工作能力与意愿。

2. 构建具体的工作流程

只有构建合理的工作流程，才能明确工作目标，明确员工分工，做到职责清晰。缺少合理的工作流程，员工工作起来就会不顺畅；缺少工作目标，员工工作时就会感到茫然；分工不明确，员工就会出现扯皮现象；工作方法不得当，员工工作就会事倍功半。

3. 设立一定的沟通渠道

只有建立良好的沟通渠道，才能及时收集并反馈信息，有效解决问题，促进员工执行力的提升；沟通才会更加顺畅，有效避免传递信息不到位等问题；能够协调内部资源，及时解决遇到的矛盾和问题，对偏差和错误进行纠正，确保各项工作的顺利开展。

4. 选用执行力强的人员

为了促进员工的执行力，就要积极选用执行力强的人员，并树立标杆扩大影响。具体方法如下：根据岗位需要，选用执行力强的人员，带领或带动局部执行力的提升；根据实际需要，将执行力强的员工树立为标杆，对其他员工起到促进作用。

5. 管理者做好表率

员工执行力的强弱往往与直接领导有着直接关系，因此要想提高员工的执行力，管理者就要充分发挥自己的带头作用，养成雷厉风行的工作习惯，引导员工朝着正确的目标前进，确保员工在规定的时间里保质保量地完成工作。

6. 深化员工责任心

只有不断深化员工责任心，才能激发内部工作动力，提升员工的执行力。因为执行力强的员工一般有极强的责任心，深化他们的责任心，就能转换为工作的内部动力，促进工作执行力的提升。

7. 营造一定的压力氛围

为了增强员工的危机感，提高员工的执行力，就要营造适度压力的工作氛围。因为在一定的压力下，员工会建立危机意识并形成危机感，进而转换为工作动力，提升员工的执行力。

8. 建立执行文化

建立企业执行力文化，逐步对员工造成影响，进而提升员工的执行力。因为企业文化中蕴含的执行力文化，会对员工执行力的改变产生重要影响，有着重要的积极作用。

9.制定合理的制度

管理者依据工作目标，制定合理的制度与方案，将检查、监督与激励等作用充分发挥出来。如果管理者对制度制定忽冷忽热，员工就会没有工作积极性，诱发懒散、捣乱等现象。

第二章
执行太复杂,终将成为纸上谈兵

简单而行：执行越简单，竞争优势就越大

同一件事情，不同的人去做，最终的结果可能也会不一样。有的人能在很短的时间内用简单的方法完成任务；有的人即使借助各种工具和资料，花费了很长时间，也没有解决问题。原因何在？关键是二人的思维方式不同：前者遇到问题，喜欢用最简单、最快捷的方式解决；而后者则拘泥于形式，往往将事情搞得很复杂。

你认同哪一种呢？笔者认为，只有将复杂的工作简单化，消除无关的工作，才能抓住问题的根本，用最简单的方式将问题解决掉。下面这个故事相信很多人都听过：

一次，爱迪生让助手帮忙测量一个梨形灯泡的容积。可是，灯泡的形状是不规则的，测量起来很麻烦。

助手一会儿拿标尺测量，一会儿用数学公式计算，可是几个小时过去了，虽然忙得满头大汗，但依然没有测出最终数据。

助手翻看着过去学过的几何知识，打算再计算一次灯泡的容积，突然意识到了问题所在。这时爱迪生走进来，他看了看摆放在助手面前的稿纸和工具书，便拿起灯泡，往里面倒满水，然后递给助手说："把灯泡里的水倒入量杯，就能得到答案。"

助手恍然大悟：原来工作并没有自己想象中的那么复杂，使用最简单的方法就能解决。

这个故事很简单，却能给我们一些重要启示：着手从事一项工作时，要先动脑，想想这件事情能不能用更简单的方法去做，不要急着动手，否则即使付出了很多心力和精力，也解决不了任何问题。

很多人认为，思维方法与复杂是如影随形的，做事时喜欢往复杂的地方想，认为解决问题的方式越复杂越好，结果只能钻进牛角尖。其实，把问题简单化，才是一种大智慧。

在一所大学的研究室里，几个研究人员挤在一起，想要搞明白一台机器的内部结构。机器里有个封闭的部分，该部分由100根弯管组成，要想搞清楚内部结构，首先要知道各弯管的出入口，可是却没有任何图纸资料供查阅。大家各抒己见，想了很多办法，甚至为了探测内部结构，还使用了仪器，但都没有得出理想的结果。

为了厘清思路，研究人员小杜走出了实验室。实验室外有一个花坛，老花匠老李在这里忙碌着。

小杜和老李认识，两人打了招呼。看到小杜眉头紧锁，老李知道他一定又遇到难题了。

小杜跟老李述说了自己的苦闷，老李却不以为然，哈哈大笑："这有什么难的！"于是，老李就跟着小杜进了实验室。老李点燃一支香烟，吸吮一口，然后对准一根管子，使劲儿往里喷。喷烟雾的同时，他用粉笔在管子的入口处写上"1"。站在管子另一头的小杜，看到烟从哪根管子冒出来，就用粉笔写上"1"。使用这个方法，不到两个小时，便把各弯管的入口和出口搞明白了。

这个故事再一次提醒我们：在工作中，要努力将复杂的问题简单化，如此不仅能更好地解决问题，还能提高工作效率。

一、执行力，需要化繁为简

执行力就是把复杂的问题简单化，就是要从千丝万缕的碎片关系中梳理出高效做事的脉络，提高管理效益。化繁为简的执行就是让人们高效地做事，每个人都在解决问题，都在完善自己的岗位职能，都在努力行动并对后果负责。这个过程就是化繁为简！

执行力，需要化繁为简，需要不断地修炼，即方向正确、运作高效、心情舒畅，解决问题，以实现组织与个人的目标。

化繁为简的执行力不在于控制，而在于执行。当然，这一点要以把握人性为前提。因为只有把握了人性，才能把握管理的本质。简而言之，做好人们的思想工作，逐渐提高沟通和执行的效率。

二、化繁为简的要点

要想将执行简单化，就要从以下三方面做起：

（1）弄清事理。把团队需求和员工需求较好地融合起来，让员工知道团队和个人之间的关系，然后从人性出发，推动这种关系的良性发展。

（2）善用资源。调动人们需要的资源，从满足社会、人员的需求上来统筹资源、创造资源。

（3）理解人性。每个人都在追求自我世界及存在价值，要想实现从繁到简的转化，首先就要理解人性。

提高速度：执行要快

竞技场上，只要出拳速度快，即使长得个头不高，也能击败动作迟缓的大个子，因为闪电般的速度，能够在瞬间爆发出惊人的力量。其实，"更快"不仅是运动员信奉的格言，还是企业执行力提高的不二法则。

马云是一个天才企业家，亲手创办了全球第一商务平台阿里巴巴，成为整个互联网的骄傲，他也被誉为"企业家领袖"，其独特的管理理念也被众多企业效仿。

一次马云参加电视访谈节目中，回答了一些企业管理问题，对"执行力"也表达了自己的见解，并结合乒乓球的比赛规则讲述了自己对"快"的解读："在乒乓球竞技中，速度至关重要。如果运动员动作很慢，即使再准、再狠，对手都会轻松化解；只要速度够快，位置大致准确，就能超越对手！"

要想提高执行效率，同样也要提高速度。在执行过程中缺乏紧迫感，延误拖沓，慢于进度和计划，即使最终完成了，也会晚于预定时间。而在很多情况下，延误完成等于没有完成。比如，两家公司争先发布新产品，谁先发布，谁就能抢得市场先机，就可能赢得竞争优势；而另一家公司失去机会，带来的可能不是失败就是破产。

决定执行力强弱的关键，就是执行速度！执行速度低下的企业，不管如何强调执行力，都会失败。没有执行速度，只能将执行力消磨掉，并丧失竞争力。执行速度足够快，才能抢占先机。

处在科技变化最快的社会，速度已经成为主导，速度的快慢决定成败。执行力要求快速行动、简洁明快。从某种程度上说，执行的关键不在于你做什么，而在于你如何做，如何尽快地做。管理者的快速执行首先要建立在强大的思维能力基础之上，能够尝试从新的角度看问题。

有人曾形容说：

美国人第一天宣布某项新发明，第二天投入生产，第三天日本人就能将该项发明的产品投入市场。

在执行过程中，只关注人、财等资源的管理，就会忽视对时间的管理。要知道，企业最稀缺、最不可替代的资源就是时间。

时间管理，是执行力的关键！要想提高执行速度，就要科学地利用时间。

1. 项目要清晰一些

日常工作琐碎繁多，依然需要列出一个计划，然后把短期目标切割成一个个小目标，明确自己在每个时间点要做的事情。以此类推，具体到每天、每个时间段，甚至每分、每秒。只要实现了小目标，离成功也就不远了。

2. 时间要安排合理

将时间合理化，就要把握好自己的生物钟，比如：有人上午的工作状态比较好，有人则是下午工作效率比较高。时间管理的重点不在于管理时间，而在于时间的分配，要在最合适的时间里做合适的事情。

3. 目标要明确一些

成功的道路是由目标铺出来的，工作时首先应确定目标，根据目标的重要性进行合理安排；同时，为了更好地执行，还要列出详细的计划。目标确立后，就要在最短的时间内完成。

4. 工作要精巧一些

在日常工作中,要多思考、多总结,为了节省时间,要把具体工作进行归类,集中处理;还可以将哪段时间完成了哪些工作记录下来,以改善今后的工作。

创新思维：创造力是提高执行力的关键

工作需要创新，执行力更离不开创造力。

一家名企打算招聘一名业务经理，由于薪水丰厚，福利不错，来应聘者多达数百人。经过初试和复试，只留下了6名应聘者。招聘结束的时候，主考官让他们回去准备，一个星期后，接受总裁的亲自面试。

一个星期后，6名应聘者如约而至，由于准备充分，每个人都信心满满，可是最终只有那个长相普通的应聘者被留了下来。

这名求职者感到很纳闷，因为他知道不管是学历，还是经验，其他几个都比他更有资格。总裁似乎看出了他的想法，说："你是不是感到很纳闷，为何会留下你，而不是其他人？"

求职者点点头，回答："是，为什么？"

总裁说："不可否认，你确实不是六人中最优秀的。为了这次面试，你们都做了充分的准备，比如，得体的服装、优秀的面试技巧，但只有你的准备非常务实。你对本公司产品的市场情况及别家公司同类产品的情况做了深入调查与分析，提交了一份详细且有较强参考价值的市场调查报告。还没被聘用，就做了这么多工作，自然就选你了。"

在这个世界上，很多事情确实让人感到难以置信，思想保守，不懂变通，最终只能失败。其实，只要肯动脑筋，主动对传统思维方式进行创新，敢于创新，成功的可能性就会大一些。

在激烈的市场经济中，企业间的竞争并不是商品间的竞争，而是技术的竞争；而技术的竞争，根本还在于人才的竞争，是人的创造力的竞争。创造力是一个人的知识、技能、智力、个性和品格的综合，优秀企业都会将员工的创造力当作企业最大的财富。

创造力是企业的最大财富，而创造力的核心是员工能否创造性地开展工作，它综合体现了员工的智慧才干、胆识、事业心和责任感。有创造性思维的人，不仅会有想干事、干实事、干成事的勇气，还会具有永不满足的创新精神。

一、让员工增强创新意识

要想提高团队的创造力，就要培养员工的独特思维和创新意识。意识创新是工作创新的前提，没有创新意识的员工，要么整天忙于事务，要么浑浑噩噩，自然也就无法实现工作上的创新。

工作中，要让员工做到三"快"：

（1）快速学习和领会。对新精神、新文件，要引导员工加快学习和领会的速度，比如，文件比别人多读几遍，读时比别人多看出几点，思考问题比别人多想几个。

（2）快速引进和运用。对新的方法，要引导员工快速引进和运用。大到企业的成熟经验，小到同行行办文稿的一段写法，都是值得学习和运用的。

（3）快速接受和消化。对新的经验和做法，要让员工以最快的速度接受和消化。

二、让员工创新思路

员工工作一成不变，只会让思想僵化。要想提高创新思维，在他们想问题、出主意的时候，要让他们有新思路和新理念。

（1）工作计划新颖些。制订工作计划时，要让员工体现出企业的特色，要有时代性，更要重视时效，照葫芦画瓢，无法制订出满意的工作计划。

（2）总结经验生动些。工作中，经常做工作总结，可是当员工做工作总结的时候，就要让他们将形式搞得生动一些，给人耳目一新的感觉。

（3）思考问题超前些。不管做任何事，总是跟在别人后面，就会少了新意；总要等着管理者给出指导，就显得有些被动了。

三、工作方法要创新

工作中，只有不断学习，掌握新手段，应用新设备、新载体，才能能动地做好工作。

（1）点滴积累，积水成河。在日常工作中要注意点滴积累，时间长了，一旦积累到一定程度，就会对事务了如指掌，发掘出更多的有用信息。

（2）拿来主义，为我所用。要让员工将自己掌握的先进工具，都运用在自己的工作中，比如网络、计算机、办公软件等。

（3）不依不饶，知难而进。工组中遇到问题，要引导员工有一种不落实不放过的劲头，直到取得满意的结果。

周全细致：完美执行，不放过微不足道的细节

只有关注细节，才能提高执行效果，试想：

你入住了一间客房，房间里窗明几净、布置温馨。为了消除疲劳，你跨入浴缸沐浴，却发现里面有几根毛发。

你皱着眉头洗了个热水澡，上床要休息时，发现床单上也有一根毛发。这时候，你会作何感想？

再如：

你到一家餐厅就餐，饭菜可口，装饰时尚，但服务员的手却很粗糙、很黑，让人不想吃饭。对此，你又有何感想呢？

就是如此不起眼的细节，会让前面所有的努力都付诸东流，让执行效益为零甚至小于零。

执行力是贯彻战略意图、完成预定目标的操作能力，决定着企业的成败！要想提高执行效果，就要关注细节。

故事1：

为了应对猫的袭击，老鼠召开了会议。大家各抒己见，一只老鼠提议："可以在猫的脖子上挂一个铃铛。只要猫一走，铃铛就会响，听到铃声，咱们就能及时跑掉了。"

大家都觉得这个办法不错，这时一只个头较小的老鼠问："谁去给猫挂铃铛呢？怎样才能挂上去？"

大家又陷入了沉思，可是最终也没有想到解决这个问题的办法。于

是,"给猫挂铃铛"也就成了妄想。

故事2：

公司在网络上发布了招聘启事，打算招聘高级管理人才。应聘者很多，不乏高学历者，大家都到办公室面试，然后离开。轮到应聘者小李了，工作人员将他引进办公室。

走进房门后，小李低头一看，看到地毯上静悄悄地躺着一个纸团。小李弯下腰，捡起纸团，向周围看去，努力寻找垃圾桶。这时，从前面传来了考官的声音："您好！请打开纸团，看看！"

小李迟疑地打开纸团，只见上边写着："热忱欢迎您到我公司任职。"

上面这两个故事告诉我们，任何战略决策和规章方案，都要想到细节。忽视了细节，就可能导致决策失误，更无从谈执行；一个不经意的细节决定着面试的成败，说明人的素质也是由细节表现出来的。

"细节决定成败"，这句话是管理界的一句经典名言。对管理者来说，完美的执行过程依赖于完美的细节；忽视了这一点，执行力就会失之偏颇。即使是一个微小的瑕疵，也可能让过去的所有努力付诸东流。

关于"蝴蝶效应"相信很多人都知道：

一只在南美洲亚马孙河流域热带雨林中翩飞的蝴蝶，只要扇动几下翅膀，身边的空气系统就会发生变化，产生微弱的气流，继而引发四周空气或其他系统出现变化，由此引起连锁反应，两个星期后，就可能在美国得克萨斯州引起一场龙卷风。

任何事物的发展都存在一定的定数与变数，都可以找到一定的发展轨迹，同时也存在很多不可预测的"变数"，即使是一个微小的细节变化，也可能会影响事物的发展方向。所以，在执行过程中，绝不能对细节视而不见。

管理者一定要明白细节与执行力的密切关系。不关注细节，不对细节负责，就无法取得理想的执行结果。行百里者半九十，执行的关键往往在于最后的10%。不将最后的十里走完,目标就无法达成,任务就完不成;最后的10%如果执行不到位,前面的努力就会白费,甚至比不执行更糟。

1. 从小事抓起

小事,看起来容易,做起来却最难;细节,看起来简单,却不容易做好,很容易被我们忽略。企业核心竞争力的大小往往取决于执行过程中的细节。细节造就完美的执行力,追求细节越深入,执行力就越强。

在第二次世界大战期间,在降落伞的安全性问题上,英国空军和降落伞制造商出现了分歧。当时通过努力,制造商已经将降落伞的合格率提高到99.9%,但军方却要求100%的合格率。因为军方认为,只达到99.9%,差0.1个百分点,就意味着每1000个跳伞士兵,就可能有一个士兵因为降落伞的质量问题而丧命。制造商却觉得99.9%的合格率已经足够好了,世界上没有绝对的完美,合格率根本不可能达到100%。

没有交涉成功,军方只能改变质量检查办法。他们从前一周交货的降落伞中随机挑出一个,装在厂方负责人身上,用飞机将他送到高空,让他亲自试验自己的降落伞。这时,厂商才意识到100%合格率的重要性,于是立刻着手改进,合格率一下子就达到了100%。

在工作中出现问题,有时确实只是因为一些细节、小事上做得不到位。对很多工作来说,执行上的一点点差距,就会导致完全不同的后果。

2. 主动将细节做好

执行过程中,要注意大局,也要关注细节。刚参加工作的年轻人,在开始的时候,由于阅历和经验的限制,多数都不会被委以重任,从事的都是些创造性不足的小事。这时候,就要鼓励员工将小事做好,多关注每件事情的细节。能把自己所在岗位的每一件事做成功、做到位,就已经很不简单了。许多人之所以能在工作中表现完美,就是因为注重工作中的细节,养成了良好的执行习惯。

少些妥协：执行任务不能打折扣

有这样一个故事：

新房装修好后，李婷订购了几套新家具，为了不耽误工作，她便跟几个厂家约好在同一天送货。可是，计划永远都赶不上变化，本来一天可以做完的事情，却花了整整两个星期。

到了约定送家具的那天，送床的工人给李婷打来电话，说："绳子没绑紧，运送的时候床垫和床架掉到了马路上，床垫被人捡走了，床架花了100元才赎回来。"最终，他们送给李婷一张没有床垫的床，保证3天后再将床垫送过来。

送走了送床的工人，李婷又接到一个电话，是送影视墙的厂家打来的："工人搬东西的时候，不小心弄坏了影视墙的底座，只能重做，两个星期后才能送货。"如此，李婷只能让人将预定的电视和音响放在地上，等影视墙送来后，再请师傅重新上门安装。

接着，送书架的工人上门，安装的时候发现，一组书架和墙的尺寸对不上，无法安装，只能回去再换。

原本可以一次做到位的事，却反复做好几次，不仅浪费客户的时间，还会给自己造成巨大的损失。接受任务后，敷衍了事、漫不经心，本来可以一次完成的事情，偏偏要反复折腾……如此，就是执行打折扣的典型。

有责任心的人工作时从来都不会打折扣，他们会想尽办法，努力将工作完成，并会培养"一步到位"的执行精神，强化执行品质和效果。

执行力强的人，绝不会满足于"还可以""差不多"，他们会全力以赴地在自己的能力范围内做到最好。事无大小，做任何事，要想提高执行力，都应该全力以赴，力求做到最好。

阿兹是法国的一名大学生，在美国留学，主要学习建筑工程专业。留学期间，父母先后去世，叔父便担负起对阿兹抚养和留学的责任。毕业回国后，叔父对他说："你到美国学会了建筑专业，既然回来了，我就给你安排工作。我出钱，你来建造房子，从设计、材料、监工，全部由你负责。完工那天，通知我来看看就行。"

看到自己有了展示自己的机会，阿兹很高兴，把从美国学会的才艺充分展现出来。可惜没过多长时间，他的思想就发生了动摇，因为他发现许多地方都有利可图，比如，改用廉价的次级材料，外表上根本就看不出来。

一开始的兴奋劲儿过去之后，阿兹对监工也不认真了，经常不去工地，只要有机会，就外出玩耍。他觉得，叔父是外行，非常信任他，即使有些差错，也不会立刻察觉出来，只要将房子建得漂亮一些就可以了。

几个月之后，新房子竣工落成，叔父看了，连连夸赞："孩子啊！你没有让我失望，这幢房子是你的第一部作品，证明了你的学识和能力，你可以自立了。我将这房子作为毕业礼物送给你，以后你娶妻生子，可以永久住在这里。"

阿兹感到无比颓丧，他没想到，这房子是为自己盖的。

阿兹终于尝到了工作打折扣的后果。

一时的求快图省事，不仅会影响执行效果，还会带来严重后果。比如：缩减作业程序，产品质量不合格；抛掷包裹，包装纸被摔烂；不戴手套操作，将指甲盖掉落在原料中。因此，工作质量的保证和提升，就在于执行力的不打折。

第三章
领导和管理的本质是极简主义

压缩时间：砍掉冗长会议

2018年10月27日，中国计算机大会嘉宾360副总裁谭晓生，不满意大会的议程安排、时间控制等，现场发飙，怒摔话筒，并且宣布：可以散会了！

在网络上看到这则新闻，很多网友表示无法理解：身份显赫的上市公司副总裁，为何要当着众人摔话筒？难道有钱了，就牛叉！非也！因为360这位副总裁摔打的是没时间观念的行为。

资料显示，谭晓生登台已经超过预定时间的40分钟。而在他之后，还有4位嘉宾。这时候，我们就要问问：之前拖堂的嘉宾，究竟知不知道契约精神？主办方是如何控制时间的？如此重要的会议，提前不做好安排，嘉宾和观众都在等待，难怪人家会发怒？要知道，你的不作为，已经耽误了人家的安排！

职位越高、能力越强的人，时间一般都是安排好的，打乱一个计划就会浪费一天，谭晓生这一摔，看起来似乎很没有风度，其实是给了其他参会者一个当头棒喝：管理力高的人，都善于控制时间。

控制好自己的表现欲和自己的时间，才能取得理想的会议效果。在团队会议中，不懂控制自己，一说起来就没完没了，或者让一个人或几个人占用大部分时间，就会剥夺他人的时间。

公司中烦琐的例会、毫无意义的寒暄、突如其来的各种脑爆会，只能挤占大部分时间。员工白天忙于开会，晚上才来做自己的工作，最终只能陷入死循环，执行效果自然会落后很多。记住：员工真正的价值主要体现在工作成果上，而不是会议发言时间的长短。

要想提高执行力，就要消除冗长的会议。那么，怎样才能精简会议的时间和流程呢？

1. 减少会议时间

要想提高会议质量，首先就要减少会议时间，具体方法如表3-1所示：

表3-1 减少会议时间的方法

方法	说明
控制会议规模	为了减少会议时间，就要控制会议规模，参与者至少是必须参加者，其他人不论职位如何、经验如何，只要觉得没必要，就不用参加。会议中，发声的人太多，只能扰乱会议，无法取得理想的会议效果
明确目的和结果	召开任何会议，都应该有它的目的。目的不明确，或达不到目的，会议就应该取消。此外，会议要按时开始和结束；会议结束时，要对结果进行总结和讨论
减少大型会议	会议过多是许多大企业的毛病，且还有愈演愈烈的趋势。除非召开大型会议能够为所有参会人士带来价值，否则不要组织。但即便如此，发言人也要长话短说

2. 取消展示

在会议上做了太多无用功，本来只要花费几分钟能够做完的事情却要花费几十分钟甚至几个小时，不仅会浪费时间成本，还会耗费大量人力成本。因此，为了节省时间，可以将没必要的展示通通去掉。

（1）提前分发会议材料。为了加快会议节奏，要提前24个小时将资料分发给与会者。会议一开始，要留出5~10分钟，让与会者通读相关材料。就像学生预习一样，这样参与者就能带着问题开会了，最起码也知道了会议的主要内容，就会轻松很多。

（2）开会不做PPT。开会使用PPT，一页一页地翻看，会花费很长时间。为了省去这部分时间，可以让每个人用六页纸写一篇备忘录，召开会议时将它默读一遍。当然，为了保证质量，提高效率，这些备忘录要提前一周动手开始写。

（3）让与会者阅读会议材料。开会前，要让员工提前做好准备，要让他们认真阅读收到的资料。如果准备不足，问题答不上来，就会浪费很多时间。

3. 制定会议目标

制定目标不仅可以为大家设立一个讨论的方向，也能让每个人拥有成就感和荣誉感，通过集体实现目标获得团队归属感。

（1）会议不同目标不同。会议可以分为两大类：决策型会议、讨论型会议。前者必须输出一个明确的决定，比如：项目评审会、预算审批会；后者需要召集所有人一起讨论问题和共享信息，比如，晨会、头脑风暴、项目沟通会等。只要确认了会议目标，就确定了会议的类型、场地与时长。

（2）让员工明确会议目标。会议开始时，让员工问自己一个问题："这次会议的目标是什么？"这个问题非常有价值。因为它可以确保与会者都有同样的目标，把重点放在保证会议的主题上，不会让会议陷入无休止的离题讨论中。

（3）决策者发挥主导作用。过于冗长的会议一般都缺少明确定义的目标和结构，决策者需要召集会议，确保会议内容正确；同时，设置目标，确定哪些人参与；至少提前24小时，给参与者提供会议议程。

4. 让员工敢于表现

高效率的会议绝对不是一个人的独角戏，只有让大家各抒己见，才能讨论出最佳方案，否则会议就失去了存在的意义。同样，要想得到有创意的见解，就要为员工创造一个讨论空间，让大家坦率地发表意见。

（1）鼓励员工决策前辩论。短时间内达成的共识，一般都太容易、很敷衍，要鼓励员工进行辩论。不过，也不能为了辩论而将会议无意义地拉长，要让所有人都参与进来，或让两个人故意唱反调，在争吵中得出真理。

（2）让所有人都参与进来。为了提高员工的表现力，就要让他们都参与进来。管理者要努力打造一种能够让所有人畅所欲言的氛围，不要让员工感到难堪，更不要让他们因为担心受到批评而不敢发言。

5. 找出"驾驶者"

很多人之所以讨厌过去的会议，一个重要原因就是，很多时间浪费在了无效讨论上。与会者的发散思维偏离了会议主题，效率下降，这时就需要"驾驶者"监督会议的主航道，提高讨论质量。

（1）指定一名拍板者。两组级别平等的人在一起开会，往往得不到好结果，因为最后的结果往往是相互妥协，不是做出最优的艰难决策。因此，要指定一名"决策者"，让所有与会者都知道谁有最终发言权。

（2）确保会议不离题。会议需要一个"驾驶者"，多个驾驶者，就很难让会议顺利展开。"驾驶者"的重要工作之一就是，确保会议主题不偏离，不让某人在讨论中占据主导地位。

6. 认真做好会议纪要

为了提高会议效果，就要做好会议纪要。当然，做会议纪要的时候，要注意两点：①不要临时任命记录员，否则记录内容就会残缺、一团杂乱。②记录需要有一定的方式和经验，需要熟悉会议目标，理解上下文环境。

关注当下：请放下经验主义

好的经验一般都符合事物发展规律，一旦经验变成了"主义"，就成了"条条框框"，也就变成了"教条"，成为人们的束缚。事物都是处于变化发展中的，需要不断产生新东西，更需要推陈出新。

1781年春天的一个晚上，英国天文爱好者威廉·赫歇尔用自制的望远镜观测星空，发现了一个不同寻常的天体，它光线暗淡、运行缓慢，之前从未被观测者记录。这个天体就是天王星，是人类发现的太阳系第七颗行星。

1821年，为了预测天王星的运行轨道，法国天文台台长布瓦尔发表了《天王星星表》。不可思议的是，观测结果总是偏离预测轨道，运行起来忽快忽慢。布瓦尔意识到一定是出现了问题，可是一直到他去世，也没有找到问题究竟出现在哪里。

20多年后，在英国剑桥大学任教的年轻教师亚当斯，觉察到了天王星轨道运行的反常，便对当时的观测记录进行了研究，他大胆推测：星际中存在一颗未知天体，其引力干扰了天王星的轨道。亚当斯相信，只要根据天王星轨道的已有数据，使用牛顿万有引力理论，一定能反向推算出该未知天体的质量、位置和轨道。果不其然，经过艰巨而枯燥的徒手计算，他终于计算出了该未知行星的轨道，并将计算结果提交给了剑桥大学天文台和格林尼治天文台。可是，由于当时他在天文学界还是一个无名小辈，人们根本就没有重视他的发现。

1846年9月，天文学教师勒维耶计算出了这颗未知行星的轨道。为了找到这颗未知的行星，他把计算结果寄给了柏林天文台的副台长伽勒。以此为依据，伽勒只花一个小时的时间就观测到了这颗新行星——海王星。

太阳系第八颗行星的发现，让全世界为之轰动，格林尼治天文台感到很懊恼，因为亚当斯的预测几乎与海王星的真实位置一样准确，他们错失了首先发现海王星的良机。

早在2500多年前老子就知道，经验主义是肤浅的，人类通过感官获得的知识最靠不住；甚至经验越丰富，离真理就会越远。

人类知识的来源有两个：一个是实践经验的归纳总结，另一个是经过思想演绎得到的结论。科学进步一般都源于后者。经验主义有一种强大的惯性，会束缚人们的思维，让人们无法看清事物的本质。

管理目标的实现，管理技术发挥的作用占10%~20%，管理艺术发挥的作用占80%~90%。要想让技术发挥出最大的作用，不仅需要能力强的驾驭者、丰富的管理经验，还需要经过长期的实践积累。

管理经验不仅重要，而且难得。"经验"与"经验主义"含义迥然不同。

经验告诉人们，工作越久的人，经验越丰富，就会用经验对未知的事物做出判断，时间长了，自然也就形成了经验主义。经验主义的人，一般都不愿意学习，不愿意创造和进步，可是我们需要不断地注入新因素，将自己的创造力激发出来，提高追求，直到完美的境界。同样，管理也是如此。

进步的方式一共有两种：一种是先行动后思考，即经历什么得到什么；另一种是先思考后行动，即学到什么得到什么。比如，下属提出意见，管理者说："你没干过，我的情况你不了解。"管理者凭经验做事，不给员工提建议的机会，就是典型的先思考后行动。

经验是建立在归纳法之上的，归纳法则是建立在连续性假设之上的，一旦环境发生变化，过去的经验不仅无法充分发挥作用，还会产生负面效果。

在企业发展过程中，人和业务是不断变化的，因势利导地应对这些变化，很大程度上依赖于管理者的管理经验，而这些经验往往无法通过看书与听课学会，必须经过长期的实践和积累。对于管理者来说，最需要的不是管理工具，而是管理经验。

要想提高管理效果，不仅要掌握管理技术工具，还要学会总结归纳、举一反三、融会贯通的方法，把生活和工作中的所有事物联系起来进行思考，努力学习新生事物，经过独立思考，努力吸收新事物中好的因素，与原有经验中好的因素结合起来，不断推陈出新。

记住：活学活用是把经验随着实践不断提升、升华的最好途径，活到老、学到老，管理经验的提升永无止境。

精简内容：放过太多的细节

合理而完善的管理应该是为指导执行而服务的，只要有利于执行，管理就是完善的。美国心理学家和哲学家威廉·詹姆斯则说："睿智，即知道该忽略什么。""忽略"，实际上就是一种简化方式。聪明的管理者和决策者都知道如何制定战略规划，并能将规划更好地执行下去，而精简计划就是一个好的开始。

曾经的宝洁公司生产的产品很多，共有31种海飞丝洗发水、52种佳洁士。为了做好销售，公司为每种产品都制定了不同的促销方式，可是结果不仅让消费者看得眼花缭乱，还将员工搞得手忙脚乱。因为员工为了少犯错或不犯错，必须仔细了解每一款产品。产品线复杂，促销模式多样，让员工不知所措，严重影响了员工的工作效率。

为了给员工减负，宝洁决定修改生产计划，将产品配方标准化，有效缩减了不同产品的生产线，让产品的生产和营销都变得更为简单。此外，公司还刻意减少复杂交易和优惠券及促销活动。

使用简化的方法，消费者对产品的定位会更清晰，对产品的认知度也会越来越高；而员工开展营销活动也更简便。推行简化策略后，公司的市场份额增加了1/3。

许多人对计划有误解，认为好的计划一定是复杂的、包罗万象的，需要考虑所有内容。但是，合理而完善的计划应该是为执行而服务的，只要有利于执行，计划就是完善的。

从执行角度来说，精简工作计划就是对工作模式进行简化，主要包括以下内容：压缩和简化工作项目，简化并统一工作方法，以及适当精简队伍。

首先，事无巨细式的管理消除了员工的责任。员工没有最终裁定权，只能遵照严格的流程行事，所有责任就会落到管理者头上，一旦项目失败，只能由管理者来面对上级的质问，无形中就增加了管理者的负担和风险。

其次，事无巨细式的管理扼杀了员工的创造力和参与性。任何问题都没有完美的方案，如果员工的所有行为都由管理者决定，团队运营就会受到限制。拥有多样观点的团队，可以分享彼此的想法，做出最正确的决定，找到最有效的解决方案。

从执行的角度来说，精简管理就是对工作模式进行简化，主要包括以下几方面内容：

1. 简化工作项目

简化工作的项目主要是精简生产线，因为只有如此，才能让团队的精力集中在少数几个重要项目上；对于价值不大的项目，完全可以忽略。依据80/20法则，20%的重要工作创造了80%的价值，管理者要对内部项目进行评估，选出价值最高、最重要的项目，集中资源、资本、技术、人力、财力和精力等去做，不能盲目拓展业务。

2. 压缩工作流程

压缩流程，出错率就会降低，还能降低成本，节省时间，提高效率。当然，压缩流程并不是简单地删除工作环节，而是删除多余的环节，比如，某环节存在问题，作用不大，就可以直接删除或合并。压缩工作流程的目的是，将重要且具有关联性的环节保留下来，找出能够串联执行的关键环节，将其余的环节删除。

3. 精简成员队伍

计划某项工作时，工作人员太多，就容易造成两个不良影响：①增加成本；②降低办事效率。团队的执行效果并不是由员工人数来决定的，而是取决于员工的质量，与其增加人数，不如建立一支互补性强、执行意识强的团队。因此，管理者应该及时做出调整，裁减不必要存在的员工。

4. 统一工作方法

一味坚持"方法越多，工作效果越好"，盲目增加，执行者的选择就会增多，团队工作就可能陷入脱节状态。虽然执行者有权选择合适的工作方法，但不经过协商和统一，不同的工作方法依然会发生冲突。为了减少麻烦，必要时管理者就要统一工作方法，并选择相对简单的方法。

能屈能伸：退一步海阔天空

即使在逆境中，也能保持积极乐观的管理者，是一个自信的人，更是一个真正有能力的人；在顺境中坦然自若，但是一旦遭遇逆境，只会抱怨，一蹶不振，这样的管理者就很难实现管理的极简化。同样，要想将工作简单化，管理者也要能屈能伸。

在正式定居美国洛杉矶之前，李挺在中国内地某市分管招商。工作几十年后，为了实现自己的梦想，他想尝试新的生活。于是，他便辞职去了美国。

来到美国之后，由于英文不好，李挺一直没有找到合适的工作。他并没有气馁，而是开始疯狂地学习英文。为了提高英语水平，学习期间，他仍然尝试着找工作。不久，他被一家公司聘用做保洁，但日工资只有20美元，并且很辛苦。

李挺努力工作两个月后，离开了那里，并找到一份满意的工作，开始为开拓自己的事业而努力着。

中国有句古语："好汉不提当年勇。"如果总留恋当年"勇"，那么就不会成为"好汉"，更不会有更大的作为。

若总是留恋曾经的辉煌，当面对困难的时候，只会越来越悲观，越来越怨天尤人。抱怨只会让心情更糟。

优秀的管理者都是能屈能伸的，他们知道如何处理自己与上司的关系，也能够虚心向下属学习。因此，为了管理好团队，管理者就要既知道节余，又知道缺乏。

管理，其实就是务实、通权达变的智慧，智者都能够在恰当的时机接受别人的妥协，更知道向别人提出妥协。因为他们知道，人要生存，靠的是理性，而不是意气。妥协是双方或多方在某种条件下达成的共识，对于解决问题，虽然不是最好的方法，但在没有最好方法时它就是最好的方法。

妥协，并不是放弃管理原则，而是向制度、流程和标准让步。明智的妥协是一种适当的交换，为了实现公司目标，就要在次要的利益上做适当让步，以退为进，通过适当的交换谋得最大利益（目标）。

管理者身居高位，不仅要完成工作任务，还要维护好团队关系、上下级的协作、未来的发展走向等。从这个意义上来说，管理者就是员工的引路人，指引着团队前进的方向，只有能屈能伸，才能实现极简化。

1. 慎言和慎行

抱朴守拙，不是让管理者不思进取，而是要懂得以退为进。做事稳妥，才是最稳健的进取之道。不管面对什么事情，管理者都要守住本心，不能被事物蒙蔽。同时，管理者还要慎言，对于没有把握的事情最好不要说。身处高位，管理者每说一句话都要慎重考虑，决策就是方向，如果自己无法确定对错，就不能轻易提起。

2. 做人方圆、融会贯通

事实证明，能够建大功大业之人，都是圆滑之人；喜欢惹是生非、多遇挫折之人，必是执拗之人。为人圆并不是圆滑世故，更不是平庸无能，失去主见，随波逐流，附和大众。这里的"圆"，是圆通的"圆"，是一种宽厚、通融，更是一种心智的健全和成熟。方正是做事之本，圆通是管理之道，懂得方圆做人，才是管理之道。

3. 正确对待他人的赞美

虽然他人的赞美会让我们感到愉悦，但管理者却不能过度沉浸在无休止的赞美中，要把控好一个尺度。优秀管理者都懂得如何对待员工的赞美，既不会沾沾自喜，也不会自我膨胀；他们宁可被员工偶尔抱怨一下，也不愿意被员工无休止地夸赞，因为他们知道如果长此以往，自己不仅不会进步，还会因为过度奉承而蒙蔽了双眼。

4.态度谦虚，不高傲

谦虚，既不是失败，也不是认输，而是一种正确的人生姿态。要想让管理简单化，就要用谦虚的态度对待每一个人。当然，低调不是压抑自身，而是修养品行。管理者只有学会"低"，才能顾全大局，才能知道什么是真正的合作共赢。

抓住重点：面面俱到等于什么也做不好

面面俱到，等于面面不到。管理的简单化，就是抓重点。

表演大师马上就要上场表演了，弟子告诉他："师傅，您鞋带松了。"大师点头致谢，蹲下来仔细系好。

看到弟子转身离开，表演大师又蹲下来，将鞋带解松。

旁观者看到了这一幕，不解地问："大师，既然将鞋带系好了，为何又要将鞋带解松呢？"

大师回答道："因为我饰演的是一位劳累的旅者，经过了长途跋涉，让鞋带松开，可以表现出他的劳累憔悴。"

"那你为什么不直接告诉弟子呢？"

"他能发现我的鞋带松了，说明他很细心。这种积极性，必须保护、鼓励。我将来有更多的机会教他表演，具体原因可以在下一次告诉他。"

个人的能力是有限的，时间也是固定的，一个人在一段时间内只能做一件事，抓住重点，才能提高工作效率。

面对纷繁复杂的事务，管理者要提高辨别能力，不去关注并不重要的事，将精力都放在做重要的事情上。

有一位企业老板，在公司运营过程中，很多事情他都不过问，只过问三件事：财务状况、产品质量和市场反馈，他将自己的大把时间都花在了旅游和打球上，企业却蒸蒸日上。主要原因就在于，这位老板没有被纷繁的管理事务和市场乱象迷惑，只抓经营的重点，企业不会出现大的偏差。

管理的重点就是落实战略、协调执行，任何事情都要管、都要抓，不仅会将自己搞得身心疲惫，还会影响团队的执行效率。所以，要想提高管理效果，管理者就要抓重点工作，将剩下的事情交给下属来做。

管理工作涉及的环境很复杂，对象也不单纯，范围越广、规模越大，复杂度就越高，所以"抓重点"是管理者必须具备的一项能力。不懂抓重点，工作上就会缺少主见；力气使不到点上，即使很努力，成员也只能跟着瞎忙活。

做事情分不清轻重，即使将自己累得半死，也得不到好的结果。面对事务繁杂的局面，管理者只有分清轻重缓急，才能提高执行力。

（1）客户明确要求或抱怨的事，包括公司内部的客户（员工）；

（2）重大安全及质量隐患的预防或事故处理；

（3）老板或上司交代要执行及检查的工作；

（4）自己向组织或上级承诺的任务目标；

（5）影响生产经营正常进行的事项。

只要将上面这几件事做好了，就能做好宏观把控，提高执行力。

第四章
人才培养：素质提升，执行起来更简单

敢于担责：责任心强，才能为执行力护航

为了提高执行力，就要让员工带着责任去执行。

在执行公司决策或领导意图时，需要员工时刻怀着责任心。职场中，有责任心的员工才会被重视，才会被委以重任。同时，也只有这样的人才会用心地执行，才能得到别人的配合，保证执行到位。

对事情负责能够激发一个人的潜能，会让我们有动力去动脑筋，创新地执行领导意图。每个人都有懒惰的一面，少了他人的催促，没有任何压力和责任心的驱使，很容易沉浸于享受安逸的状态。如此，周而复始，执行力就会下降。

1920年的一天，一个11岁的美国小男孩在空地上踢足球时，一不小心，将足球踢到了邻居家的窗户上，窗户上的玻璃被打碎，邻居向他索要13美元的赔偿费。在那个时代，对于小男孩来说，13美元是一个天文数字，即使是对于有收入的大人来说，也不是小数目。

看到自己闯了大祸，男孩感到很害怕，但他回家后依然将这件事告诉了父亲，并承认了自己的错误。如果这件事发生在其他人家，大人一般都会将孩子责骂一番，然后拿钱去赔礼道歉。但是，男孩的父亲却没有这样做，而是对男孩说："自己闯的祸，自己处理，你的责任自己担！"男孩为难地说："我没钱，怎么赔？"

父亲说："我可以先借钱给你，你一年后还给我。"男孩答应了。之后，为了偿还父亲的钱，男孩开始了艰苦的打工生活。半年之后，终于挣

够了钱，还给了父亲。

通过努力并承担过失，使男孩懂得了什么是责任。这个男孩长大之后当了美国总统，他就是里根。

有些事情，平时可能认为无法完成，那是因为少了压力和责任心。当你将责任承担起来时，很多自认为不可能的事情都可以变成"可能"，这份热情和信念便来自强烈的责任心。较强的责任心可以驱使一个人主动去做事，同时产生一直做下去的执着和信念。

工作中，要让员工将承担责任培养成一种习惯。工作是安身立命的根本，公司为员工提供了施展才华的平台，员工就应该在这个平台中忠于职守、勤勉尽责。

责任心是一种可贵的品质，无论处于何种工作岗位，有强烈责任心的人都会把工作视为自己的使命，努力去完成。在这种人眼里，工作只有任务不同，没有重要与不重要的区别。即使是小事，他们也会认真负责，把好岗位中的每一关，绝不会忽略它。

做事眼高手低，对小事不重视，公司的部署安排就无法在规定的时间内落实。明智的管理者一定会给负责任的员工更多成长和提升的机会。

林凡毕业于北京一所名牌大学，大学期间成绩优异，毕业后被深圳一家有实力的大公司录取。刚接到录用通知时，林凡非常高兴，希望在这家大公司施展才华，做出一番成就。但让他没想到的是，上班后他每天都在处理一些琐事，既不用动脑筋，也看不出明显的成效，跟他的专业也没有关系，他感到有些郁闷和灰心。

一次，公司参加一个在深圳本地举办的全国性商业会议，打算在会议上展示公司的实力和技术水平。为了这次展示，所有部门同事都在彻夜准备文件。经理让林凡负责装订文件，并一再嘱咐："一定要做好参会前的准备，不要到时手忙脚乱。"

林凡听了很不痛快，心想："这些工作连初中生都能完成，还用得着这样嘱咐吗？真是麻烦！"

林凡将经理的话当耳旁风，同事们都在加班，林凡却在电脑旁浏览新闻或无关紧要的事。晚上8点，技术文件终于汇总，交到他的手中，他开始一份一份地打印，可是刚打印到20份，打印机就没有墨了。

林凡打开文具柜，准备更换一个墨盒，可是他发现墨盒已经用完了。他有些着急，急忙翻箱倒柜地找，可是找了很多地方，都没有找到。此时已是深夜11点，而所有文件必须在第二天上午9点大会召开之前发到经销商手中。

总经理得知情况后，大为恼火，呵斥道："不是一再叫你做好准备吗？这点小事都做不好，要你有什么用？"林凡十分羞愧，哑口无言。

为了将文件在规定的时间发到经销商手中，林凡只能搭乘出租车满大街跑，转悠了几圈，最后终于找到一家24小时服务的商务中心。万幸的是，这家店售卖墨盒。

林凡丝毫都不敢停歇，马不停蹄地回到公司，赶在会议之前，将文件打印了出来。在正式开会之前，林凡终于将文件整齐地送到了经销商手中。

对小事不愿意负责的人，总认为自己水平高、能力强，其实，将职责范围内的小事做好，就已经不容易了。

俗语说"小事不小"，有的小事可能会影响到整个计划的执行。大事都是由小事累积而成的，没有小事的积累，是无法厚积薄发成就大事业的。世界上最伟大的事业，都是一点一滴完成的。

在竞争激烈的今天，员工只有认真工作，敢于担责，才能提高执行力，才会获得管理者的信赖和重用，工作起来才会更加得心应手。

作为基本的职业道德，责任不是挂在嘴边的一句空话，应体现在工作的各个方面。责任是执行工作计划的催化剂，优秀的员工必然都怀揣主动负责的精神，能够永远保持主动自发的工作动力。

内心忠贞：忠诚可以提高执行力

忠诚是人类最重要的美德之一。忠于自己的工作，与同事同舟共济，就能获得集体的力量，执行力就会大大提高，工作也会变成一种美好的享受。无论是什么原因，只要员工失去了忠诚，就失去了企业对他的信任。

工作中，企业不会轻易解雇任何员工，除非员工自己开除自己。交给下属一项工作，如果员工不仅口头上说"我不是来做这种活的"，心里也这样想，就预示着他正准备离开公司。因为抱着这种态度，员工肯定做不好工作，而每个岗位都是为能够胜任工作、忠诚工作的员工准备的。

对于员工来说，忠诚是提高执行力的动力。只有对企业忠诚，员工才能自觉、热情、全身心地投入工作中。不忠诚的人会厌恶自己的工作，或者为了生计而工作，表里不一、装腔作势，做样子给管理者看；他们不会在工作中融入太多的情感和信念，也就无法体会到工作的温暖和快乐，他们的生命也会在周而复始的工作中慢慢消磨。

忠诚的员工不管是否在一家公司供职，不管将来是否要调换部门，都会对现有的工作保持高度的责任感，维持坚定的执行力。忠诚的员工，不管能力如何，都会得到老板的重视，找到自己的位置。

兰格在美国一家著名电器公司工作，由于工作积极努力，一年后就被提拔为部门经理。老板非常看好他，准备考验一段时间后，提升他担任分公司经理。

一天，一位日本商人请兰格喝酒。席间，日本商人对兰格说："最近，我正在与你们公司谈一个合作项目，你也是这个项目参与成员之一，能否把你手头的技术资料提供给我看看？"

"什么？想让我泄露公司机密？"兰格皱起了眉头。

"放心吧！这件事只有咱们俩知道。"日本商人一边说，一边递给兰格一张一万美元的支票。

兰格心动了，接受了支票。

在几天后的谈判中，公司因商业数据泄露而陷入被动境地，遭受了巨大的损失。

事后，老板查明了真相，不仅辞退了兰格，还向州法院提出了诉讼。

兰格的不忠，不仅毁掉了自己的前程，还让企业深受损害。

不忠诚会大大降低员工的价值，尤其是出卖公司的员工，更会陷入失业的惨状。如今，员工的稳定性越来越低，随时可能走人。那么，员工忠诚度低的原因究竟是什么呢？影响员工忠诚度的因素有很多，既有宏观因素，也有微观因素；既有来自员工的因素，也有来自企业的因素等。管理者只有对员工进行正确的引导，才能提升员工的忠诚度，继而提高工作的执行力。

管理者要有这样的意识：让员工一辈子都在公司工作不太可能。身处在一个多元化的社会，人才流动更快，社会诱惑力更激烈，岗位竞争更激烈，要么员工离开公司，要么企业调整和辞退员工。员工的忠诚体现在很多方面，比如：继续为企业服务；离职后一如既往地维护企业的声誉，不损坏企业形象；主动为企业做事，与企业开展业务合作……

员工对企业的忠诚度，是在员工与企业合作、发展过程中逐渐建立起来的，不能一蹴而就。这种忠诚不是企业要求或规定的，而是在忠诚的基础上逐渐产生的。

忠诚是一种强大的精神力量，是一种非凡的人格特质，能够使人自尊，让员工得到满足。忠诚能最大限度地提高公司效益，增强凝聚力，使公司在风云变幻的市场中立稳脚跟；对员工来说，忠诚可以有效地与公司融合，更便于提高执行力。因此，要想让员工提高执行效果，就要培养他们的忠诚心。

1. 厚待员工

优厚的待遇，不仅能促使员工更加主动的工作，更是员工长时间在公司工作的前提。员工工作的目的之一就是工资和待遇，工资不高，待遇不好，员工就不会安心工作，就会想着跳槽，执行力自然就会差很多。因此，要想提高员工的执行力，就要给他们优厚的待遇，让他们将全部精力投放到工作中，一心一意地将工作做好。

2. 独具魅力

有魅力的管理者，总能凝聚员工，提高士气，成就大业。有魅力的管理者，会让员工感觉有奔头、有希望，即使是面对困难，也无所畏惧，因为员工坚信困难只是暂时的，管理者一定有办法带领他们战胜困难、夺取胜利。员工总会敬畏有魅力的管理者，也会忠于魅力管理者所管理的团队。

3. 重用员工

每个员工都希望得到团队的认可，希望能得到团队和管理者的赏识，智慧的管理者都明白这一点。在团队里，员工得到重用，就会萌生感恩之心，才会忠于职守，忠于团队，才能提高执行力，因此要想提高员工的忠诚度，要想让他们更加积极主动地工作，就要对员工委以重任。

4. 信任员工

信任是员工与团队建立合作关系的基本条件，也是提高员工忠诚度的基础。只有被管理者信任的员工，才能提高工作的执行力。当然，不仅要信任老员工，更要相信新员工，甚至试用期间的员工也要给予基本信任。

5. 理解员工

团队如果能够真正理解员工所想、所说、所做、所需，理解员工面临的苦衷、困难，并能与之充分沟通，然后协调或帮助员工解决困惑，员工将会把团队当作"知己"，自然会忠于团队。

6. 提高信誉

团队的信誉对员工的影响相当重要，良好的信誉会让员工相信团队、依靠团队、献身团队。为了提高声誉，首先就要及时兑现给予员工的待遇，员工在不违规的情况下，绝不能任意克扣员工的待遇。

7. 关爱员工

员工与团队之间并不是赤裸裸的利益关系，而是有着丰富多彩的内容。团队对员工的工作支持、生活关心，以及对员工错误或过失的人性化处理，都能得到员工的忠诚。

8. 尊重员工

团队尊重员工，时刻把员工作为团队最宝贵的财富，员工肯定会对团队感恩戴德；团队藐视员工，只是把员工当作赚钱的工具，员工永远不会有忠诚心。

少些拖延：立即执行，绝不让拖延养成习惯

在工作中，很多员工会出现不想工作、想找借口拖延、偷懒的情况，这是典型的拖延症。只要养成了这种习惯，员工的意志就很容易被消磨掉，对工作失去信心，逐渐怀疑自己的毅力和目标，甚至性格也变得懒散、犹豫不决。

拖延是一种最具破坏性、最危险的恶习，一旦员工养成了拖延的坏习惯，就会失去主动心和进取心。做事拖拖拉拉、效率低下的员工，都是不称职的，更别说执行力了。

通用在纽约的分公司，为了增强员工的竞争意识，把业务部分成了两队，让他们同时负责一个项目。竞争的规定是：按照各队业绩给予提成，表现好的，还能加薪。

大家都想抓住这次机会，卡瑞也不例外。开始为了解决主要问题，熬夜加班成了常态，但谁也没有怨言。攻破主要问题后，就轮到各个项目细节了。卡瑞因为文笔不错，被安排负责做最终的产品文案编辑。

当大家都在热火朝天地忙碌时，卡瑞却在悠闲地浏览网页。同事劝他先写好草稿，免得最后来不及，他却满不在乎地说："这种小事，分分钟就搞定啦！小菜一碟！"

按照卡瑞的计划，至少有一周时间可以进行文案编辑和校正，时间非常充裕。可是，让人没想到的是，在最后关头，同事琳达居然出现了工作失误，数据出现了很多错误，不得不重新整改材料，耽误了不少时间。

等卡瑞做好准备工作时，却只剩下两天了。面对几十种产品的介绍、功能说明和特点解析，他手忙脚乱，感到无从下手。由于时间紧迫，文案做得很敷衍，结果卡瑞不仅失去了加薪的机会，还影响了小组的最终成绩。

案例中，卡瑞太高估自己的能力，把任务想象得过于简单，最终失去了提高待遇的机会。

"拖延症"不一定是懒，当你无法控制自己导致一再延后重要任务的时候，就自我失调了。对自己的情绪和时间都缺少自我管理，能够预料后果有害的情况下，仍然把计划要做的事情推迟，就是典型的拖延。严重的拖延，会对员工的身心健康带来消极影响，比如：自责情绪、自我负罪，不断地否定自我、贬低自我，伴有焦虑症和抑郁症等，一旦出现这种状态，就要引起重视。

心态消极会让问题的难度增加一百倍，只有找到正确的方法，才能克服拖延的恶习。拖延，是阻碍员工发展、影响工作效率的弊病，会让员工在不知不觉中深受其害，做什么事都想要拖延，注定只会成为一个平庸的人。

时间并不能解决问题，主动做事反而会获得一种充实感。所以要想提高执行力，管理者就要引导员工学会面对生活，勇于承担，做该做的事，决不拖延，做到"当日事，当日毕"。

1. 让员工相信自己

因拖延症而导致的自我怀疑，不仅会对员工产生负面影响，还会让员工的工作陷入混乱的境地。遇到困难时，要让员工拿出面对的勇气，相信自己能解决，并在接到任务后立即行动，同时给自己设定一个合适的时间期限，保持较高的热情和斗志，逐步完成每一项计划，才能提高做事的效率。

2. 让员工屏蔽干扰

注意力的干扰会直接导致拖延，所以要想让员工少些拖延，就要让他们管制自己，多进行自我约束和监管，比如，关掉微信、微博、抖音等任何能影响注意力的干扰。只要员工全心全力地去做事，专注地工作，绝对能提高工作效率。

3. 让员工制定规划

科学可行的计划表非常有用。可以让员工针对每天、每周、每月的工作做一个规划，并把任务划分成多个可控的小目标，然后把事情和要达到的目标全部罗列出来。制订了计划表，然后就能一步一步地按照自己制订的计划来执行了。

4. 让员工分清主次

工作中肯定会遇到突发性的问题，以及迫不及待要解决的问题。执行力强的员工都会将时间安排得紧凑得当，有条不紊，会先做重要、紧急的工作，而将重要但不急的工作安排在其他时间做。

5. 让员工勇于担责

如果任务看起来很复杂，无从下手，员工就容易拖延，下意识地想要逃避。要提高员工对工作的重视程度，让他们认真地对待上级交代的工作，主动承担自己的责任，不推脱。

抓紧时间：集零为整，善于管理时间

整天忙碌的人，常常觉得时间不够用。工作中，员工要想更好地统筹日常的琐碎事务，除了"立即执行"外，还要学会集零为整，善于管理时间。

数学家华罗庚曾经说过："时间是由分秒积成的，善于利用时间的人，才会做出更大的事业来。"可见，零散的时间对员工很重要。但是，在实际工作中，很多员工都不重视零散时间。多数人认为，零散时间做不出什么成绩。可是，打电话、查邮件、打印文件等琐事依然会占用很多时间，有时甚至会影响重要工作。

要想消除琐碎工作的干扰，就要争取在零碎时间里完成它们。把大把的时间保留出来，完成更重要的工作。例如，学习过程中利用不起眼的10分钟，可以记住5个英语单词，坚持一年，就可以记住1800多个单词。

在企业管理中，只有执行力强的员工才能灵活运用零散时间，把零散时间整合起来，充分利用。滴水穿石，将零散时间积累起来，也能发挥巨大的作用。

凯莉刚参加工作的时候，做事总是没有头绪，感觉时间不够用。每天都按时上下班，但几乎做不了什么像样的工作。她想静下心来好好干工作，但琐事很多，总是被干扰。为此，凯莉很是苦恼，觉得自己无法适应现在的工作。

一天，凯莉将自己的苦恼告诉了一个关系不错的同事安娜，安娜给她推荐了一本《时间是挤出来的》的书。

书中的主人翁是一位英国人,他每天都很忙,出差、做项目,在全球各地飞来飞去。可是,他却利用几年的时间学会了三门语言。他这么忙碌,怎么还有时间学语言呢?因为他很好地利用了零碎时间,比如:等飞机时、坐地铁时、茶余饭后等。最后,那个英国人说:"零碎时间就是珍珠,只有将它们串起来,才能熠熠生辉,产生价值。"

凯莉受到启发,从此以后,也将零碎时间充分利用起来。比如,开会之前的几分钟,吃过午餐的休息时间,她会先在座位上把当天的工作重点列一下;下班前的十几分钟,她会把当天的资料拿过来,看看还有没有需要完善的。

一段时间后,凯莉忽然发现,自己的时间多了起来,可以学的东西也越来越多。凯莉因为能及时且高质量地完成工作,很快就升为主管,开始管理一个小团队。不过,利用琐碎时间的习惯保留了下来。早上上班的时候,她会在员工吃早餐、聊天的时候,思考一天的任务;她会利用开会前的那点空闲时间思考工作安排,会在员工嘈杂的胡侃中写工作总结。

凯莉的工作能力越来越强,管理工作也做得越来越细,执行力也有所提高,上司又打算给凯莉提职。培训新员工时,凯莉总会告诉他们:"时间是挤出来的,集零为整,就会有大作用!"

时间是一生中最珍贵的财富,随着年龄的增长,时间将会越来越少。在执行力培养中,管理时间的能力尤为重要。为了充分利用时间,要让员工学会集零为整,为出色完成工作创造条件。

对于整天忙碌的人,如果觉得时间不够用,就可以调整一下时间的管理方式,比如:是否时间安排被打乱了,是否浪费了零碎时间,是否保证了时间的利用效率……只要员工能够将一天、一周、一月、一年中的零碎时间都利用起来,执行力也就在无形中提高了。

(1)让员工区分紧急事务与重要事务。紧急事是短期性的,重要事是长期性的,要给罗列出来的事情定一个完成期限。

(2)只要计划好时间的 50% 即可,剩下的属于灵活时间,可以用来应对各种打扰和无法预期的事情。

(3)让员工遵循自己的生物钟,想想看:自己何时办事效率最佳?将优先办的事情放在最佳时间去做。

(4)员工不想做某件事,可以让他将这件事情细分为很小的部分,每次只完成一小部分。

(5)引导员工将要做的事情根据重要程度分先后顺序,根据价值大小,合理分配时间。

(6)一旦确定了哪些事情是重要的,就要引导员工对不重要的事情说"不"!

(7)不要妄想成为完美主义者,不要追求完美,而要追求办事效率。

(8)有计划地利用时间。不会计划时间的员工,计划也会失败。

(9)目标明确。设定的目标要具体,具有可实现性。

(10)即使一个小小的成功,也要让员工庆祝一下。

(11)让员工罗列一天之内要做的事情。

永不放弃：遇到问题也要坚持，不轻易放弃

执行力的修炼中，关键的心态就是：遭受到三番五次的挫折甚至磨难后，能否永不放弃？只要拥有永不放弃的心态，工作就没有完成不了的。

巴尔扎克是著名的法国大作家，年轻的时候，他决心从事文学创作，当时全家都不同意，认为他不是从事写作的料。但是巴尔扎克没有妥协，没有放弃追求，在他的坚持下，父母打算给他一年时间，为他提供条件，让他从事写作。结果，一年时间很快过去，巴尔扎克什么也没有写出来。

从此父母不再支持巴尔扎克，让他出去找工作，自谋出路。巴尔扎克失去了依靠，虽然条件极其贫困和艰难，但他依然坚持写作，终于写出了第一部作品五幕诗体悲剧《克伦威尔》，可是最终却完全失败。

巴尔扎克依然没有放弃写作梦想，1829年发表了长篇小说《朱安党人》，迈出了现实主义创作的第一步；1831年出版《驴皮记》，使他声名大震。最后，巴尔扎克陆续写出了91部小说，合称《人间喜剧》，他也跻身于世界最著名的伟大文学家之列。

有时候，工作中的执着并不是做出轰轰烈烈的壮举，它可能会使你平凡、孤独与寂寞。如果放弃，以前所有努力都会成为零。

在工作的过程中，很多员工都会遇到困难甚至挫折，这时候只有勇于坚持的人才不会放弃信心。优秀员工与普通员工的差别在于：普通员工走了99步，优秀员工走了100步；普通员工跌倒的次数比优秀员工多一次，而优秀员工站起来的次数比普通员工多一次。成功就躲在100步后面，一

旦放弃了，就失去了成功的可能。

对于坚持还是放弃，笔者认为：如果员工所做的事符合他们的目标并符合他们的性格、能够发挥他们的优势，困难对他们而言就是暂时的，只要坚持下去，就能取得最好的执行效果。

美国曾经有位年轻人，家境贫寒，一直也没有找到正当职业，生活穷困潦倒，但他想做演员、拍电影、当明星。他一直都没有放弃这个梦想，即使把身上全部的钱加起来都不够买一件像样的西服时，也没有放弃自己的梦想。

年轻人经过分析发现，当时的好莱坞共有500家电影公司，这些电影公司各有优劣。后来，他根据自己的特长及目标，规划了去电影公司应聘的路线和名单顺序，带着自己的剧本走进了这些电影公司。结果，500家电影公司都应聘完了，竟然没有一家公司愿意聘用他。

年轻人没有放弃，他总结了失败原因，又从第一家开始，继续第二轮自我推荐与应聘。结果依然令人失望，500家电影公司再次拒绝了他。然后，他又进行第三轮的应聘，结果依然如此。

年轻人感到很失望，但最后还是咬紧牙关，开始了第四轮应聘。应聘到第350家时，公司老板终于被感动，愿意让他留下剧本先看一看。几天后，年轻人接到了录用通知，这家公司决定投资并请他担任男主角，这个年轻人就是席维斯·史泰龙，剧本最后被拍成电影——《洛奇》。

现实工作中，执行一项任务时，如果遇到挫折，不要过早地对失败下结论。很早就对自己的工作能力产生怀疑，最终只能半途而废，执行效果自然就会大打折扣。因此，管理者要让员工明白：只有意志坚定的人，才能找到自己的位置，百折不回是提高执行力的好方法！

第五章
内部沟通：沟通到位，执行力也能提高

一起发言：双向沟通，才能事半功倍

信息的交流一般要经过"发送信息—接收信息—反馈信息"这个过程。信息交流是一种双向行为，沟通不能仅一个人说，另一个人听，要双方进行更多的互动，如此才能真正分析透彻信息，才能真正让彼此深入了解。

双向性是沟通的一个重要特点，也是有效沟通的一个重要原则。双向性就是，既要收集信息，还要给予信息，不仅要听别人说了什么，还要自己表达，整个沟通过程是双向的。对于管理者来说，有必要对下属下达指令，有必要传授经验，有必要告知一些重要事项，但同时，下属也有责任主动与上级进行沟通交流，有必要反馈信息，提供建议。

如果员工都能提出建议，就说明人人都在关心公司，公司才会有前途。由此可见，员工的真话无价，但是真话难得。

杰瑞·韦尔奇担任通用电气公司的总裁后，想要将通用打造成一家"没有界限的公司"，而"毫无保留地发表意见"就成为通用企业文化的重要内容。

在通用公司里，员工都可以参加"大家出主意"会，时间不定，每次50~150人，为了找到生产上的问题，改进管理，提高产品和工作质量，主持者引导大家大胆陈述自己的意见。召开会议时，韦尔奇不仅以身作则，还要求各级经理都要尽量参加，不过他一般都是只听不说。

开展"出主意"活动，不仅带来了巨大的经济收益，更让员工感受到了自身的力量,给公司带来了生气。比如,在一次会议上,一个员工提出,建设新电冰箱厂时,可以借用公司的哥伦比亚厂的机器设备。哥伦比亚厂是生产压缩机的工厂,与电冰箱生产正好配套,这样使用,能够节省一大笔开支。

员工的"真心话"不一定是真知灼见,但一定是肺腑之言。今天某个员工的建议也许不可取,但该建议在未来可能会适用。当管理者在未来的某一天遇到问题的时候,很可能会使用员工过去提到的建议。因此,要想做好内部沟通,就要努力营造一种畅所欲言的工作氛围,让员工说出他们的"真心话"。

沟通双方之间是一种互动关系。这种互动体现了一种最基本的人际关系平衡,即每个人都有话语权和发言权。管理者牢牢把控话语权,每次开会或交谈都是一个人从头讲到尾,不给其他人提建议、表达观点等的时间,只要认真听他把话说完即可。这样的沟通多半没有效果,团队执行力也会受挫。

单方面的沟通是封闭的,只有双方都主动表达,才能实现信息更顺畅地交流。虽然在沟通中不可能存在"你一句,我一句"平均分配的对话模式,但依然要保持最基本的平衡。即使是倾听者也不能一直保持沉默,不要让员工放弃自己的话语权,要鼓励他们适当展示自己,适当表达自己的观点和想法。

在团队沟通中,无论是上下级之间,还是同级之间,都不能只由一个人去表达,需要双方有针对性地进行探讨。沟通的意义不在于说一件事,而在于对这件事的分析和探讨,在于对更多信息的挖掘。

沟通结果由双方决定,为了取得理想的沟通结果,上下级之间就要配合,就要补充信息,使沟通双方产生依赖;一旦某一方隐藏了重要信息,沟通效果就会大打折扣。那么,怎样才能进行双向沟通呢?心理学家约翰·鲍威尔在《为什么我不敢告诉你我是谁》中提到了沟通的五个层次:

第一个层次，陈词滥调打招呼。比如："最近怎么样""你看起来气色还不错！"

第二个层次，关注他人的事实报道。由他人的谈话引申出来的事实，一般不会引发冲突。

第三个层次，喜欢发表意见和判断。人们有理由表达自己的想法和判断，也会想办法迎合对方的口味和需求，做到求同存异。

第四个层次，能够判断对方的感受与情绪。懂得主动分享意见，能够判断对方的感受和情绪，向对方表达自己的感情，不会被别人贴上"你是×××人"的标签。

第五个层次，坦诚沟通，形成默契。能够毫无保留地将自己的所思所想告诉他人，态度真诚，能够打动别人。

这几种都是双向沟通的方式，但高层次的沟通并不限于两人之间的提问或打招呼，而是一种深度交流，重视内心的交流，并形成一种默契。坦诚交流是双向沟通的最高境界，也是管理者需要追求的最高层次。

分享交流：设置开放的交流平台，及时分享信息

企业内部之所以会出现矛盾，主要原因是不同部门、不同员工之间可能存在竞争、资源、利益、权责等问题，出现了内部各种小利益团体。这些小团体一般都比较封闭，各自为政，相互竞争和排斥，彼此之间交流有障碍。比如，财务部门，刻意缩减某部门的开支；人事部门，在人事安排和调动方面给其他部门出难题；市场部门，为了私利，隐藏重要信息……这些行为只会给企业的发展带来损害，导致整体的执行力和运作效率低下。

有家公司建立了完善的内部共享机制，各部门可以通过这种机制实现资源共享、信息共享、人员共享。公司打造了一个先进的信息交流网站，任何人、任何部门都可以在网站上发表自己的看法、提出请求，或者为他人解答问题，部门和员工之间也可以自由交流。

公司还成立了一个网络数据库，任何人都可以将自己知道的重要信息输入数据库，并进行分类。只要有人想要寻找相关的资料，就可以在第一时间获得足够详细的资料。

此外，公司还打造了一条内部联通热线，各部门都会安排专人负责这条热线，如果某个部门通过电子流提出了某个申请，其他部门的负责人就能在第一时间接收到线上信息，为他提供力所能及的帮助。例如，当客服代表接待重要客户时，该代表只要在热线上提出请求，其他部门就会以最快的速度帮助他接待好客户或提供相应的帮助，比如：立即安排好服务人

员，安排好车子，收拾好接待室，安排好参观的时间和地点，安排好餐点；必要时，还可以为客服代表提供接待的意见和建议。

整个接待工作有条不紊地进行，整个工作不会成为客服代表的专属工作，而是团队共同完成的工作，客服代表不需要忙得焦头烂额，只要提出申请，自然就会有人安排到位。在这种沟通机制下，团队的工作效率会快速提升。

优秀的团队通常都会保持一种开放、分享的姿态，为了促进内部交流，会设置开放的交流平台。在团队内部，部门不是闭合的组织机关，不会保持各自独立，会保持开放和分享的姿态，内部交流更通畅、互动性更强，协作也越来越紧密。

为了保持信息流通的开放和顺畅，团队一般都会设置很多交流渠道，比如公司内网、电子社区、内部贴吧等。这些沟通渠道依赖于互联网技术，信息的流通性很强，流通速率很快，符合现代信息交流的需求。

此外，传统的开放式平台同样重要。比如，团队发布内部期刊，成员可以自由地在期刊中发表文章，表达工作体验，分享工作经验，宣传团队发展，展示团队风貌，确保团队成员都能了解相关信息。

更加人性化一些，管理者还可以组织联谊会或娱乐活动，让更多的人参与其中。在这些活动中，成员可以相互交流、共同探讨。比如，邀请员工去家里吃烧烤或参加大型聚会；举办年会、假期晚会等活动，主动跟员工互动交流，甚至表演节目。

员工之所以不愿意做内部知识分享，原因不外乎有两个：一是担心分享后失去个人优势，突出他人优势，自己反而处于弱势地位；二是觉得麻烦，要做总结、要做课件、要将知识点系统化等，事情太多，太烦琐。只有想办法解决这两个问题，才能形成内部分享的机制和氛围。那么，如何才能做到这一点呢？

1. 构建员工晋升通道

针对关键岗位，实行技术等级管理，为员工构建除了管理晋升外的技术晋升通道，高等级员工在薪酬和职务待遇方面都与管理者持平。员工要想实现晋升，必须进行知识共享，比如：每年必须做几次专题分享，必须提交几份经验总结报告，必须培养几个初级人员等。

2. 制定积分奖励措施

公司可以设计积分奖励制度，将知识分享按照难度设定不同的积分，积分可以直接兑换为奖金，也可以兑换休假、培训机会等。

3. 提供知识分享平台

将知识分享模板化，员工按照模板进行经验的总结和提报，比如，经验总结模板、培训课件模板等。

区别对待：针对不同的人采取不同的沟通方式

日常生活中，人与人之间常常出现沟通上的障碍，这时候有些人会认为自己在对牛弹琴，其实主要原因并不在牛身上，弹琴者同样犯了错误：第一，不能辨识自己的交谈对象，让沟通陷入僵局；第二，没使用合适的沟通方式，比如，给一把青草，牛就知道该进食了；轻轻一挥鞭子，牛就知道该犁地了；大喊一声口号，牛就知道该回家了。

1. 不同的人，采用不同的沟通方式

不同的人往往具有不同的地位、性格、兴趣、利益、知识水平、理解能力，不能使用一种沟通方式。为了减少摩擦，在沟通过程中，就要灵活使用沟通方式，面对不同的沟通对象，选择不同的沟通方式。

有的人注重结果，无论沟通者表达的内容是什么，他们都更希望得到一个结果；

有的人喜欢质疑，对他人所说的观点和思想表示怀疑；

有的人是执行者，只关心要做什么、具体该怎么做。

这三种人对应三种角色：专家、员工和管理者，如表 5-1 所示。

表5-1 针对三种人采取不同的沟通策略

角色	说明
专家	可以是客户，也可以是同事，他们往往是某领域内的专业人士，能力和经验都比较出众，具有怀疑精神，不会轻易相信他人的话。如果想说服他们，就要精心设计语言，找到充分证据，还要把握好内在逻辑。比如，专家会提出各种问题和质疑，沟通者必须谨慎对待每个问题，并给出答案。在这个过程中，沟通者既要回答专家提出的问题，还要想一下对方可能提出的新问题，从而一开始就做好准备
员工	不会过多地质疑他人的决定或计划，不会轻易对上级的指令提出质疑，真正关心的是自己需要做什么、需要怎么做等信息，因此沟通者应该交代工作细节。此外，为了引导他们更好地执行任务，沟通者要主动了解员工的能力、兴趣、利益需求，针对性地做出安排，提高员工的积极性
管理者	只追求结果，沟通必须简洁明了，只要切中主题与核心即可，不要拖泥带水；要明确沟通的规律和原则。比如，跟上司沟通，最好先说关键和结果，要将次要内容、过程和论据放在后面进行解释

2. 不同的人际风格，采用不同的方式

比较常见的人际风格有支配型、表达型、和蔼型和分析型。

（1）喜欢支配的员工。这种人一般都喜欢掌握话语权，语言直接，目的性强，拥有独立的想法。面对这样的员工，可以直接进入主题，并给出肯定的答案；管理者要对自己充满自信，说话声音要洪亮，身体可以微微向前倾；不仅要提出自己的观点，还要认真倾听对方的观点。

（2）喜欢分析的员工。这种人一般面部表情很少，但说话有理有据，目的明确，重视沟通细节。在交谈时，沟通者要认真倾听，注意细节，对交谈内容做好记录；用词要准确，为了增强说服力，要使用数据和图标。

（3）喜欢表达的员工。这种人一般都善于表现自我，说话直率幽默，但不注重细节，与这种人交流，应该展示出丰富的肢体语言，应该直视对方的眼睛，最好将交谈内容进行书面化确认。

（4）态度和蔼的员工。这种人说话有耐心，声音柔和，面带微笑，会赞同他人的观点，看重关系而不是结果。与之交谈的时候，要保持态度的真诚，面带微笑，将声音放缓一点。

只有全方位地把握沟通技巧，才能有效提升沟通效率，提高执行力。

释放情绪：让员工释放负面情绪，维持理性与感性的平衡

过去很多调查机构都对大公司的员工进行过调查，发现多数员工都处于亚健康状态，情绪都比较消沉，虽然在工作岗位上努力工作，但不仅遭受着高强度的工作，还承受着巨大压力。无论是苹果、谷歌、微软、花旗银行、英特尔公司，还是其他知名企业，都有一些人对自己的工作不满，或觉得很多事情让自己无法忍受，无法快乐工作。

笔者认为，职场中存在的心理健康问题可能比调查数据显示出来的结果更严重，但为了不丢掉工作，很少有人会勇敢地释放负面情绪。为了让自己变得更加顺从，他们会压抑自己，以至于让内部矛盾在积压中变得越来越尖锐。

其实，情绪完全可以增强沟通效果。人与人之间的情感不仅会被记忆，形成成见，还具有一定的传染性，这些成见会传导给周围的人，对团队成员之间的情绪和信任造成影响。因此，一定要重视团队成员的心理问题，给内部成员释放情绪的机会和空间，比如，平时注意对方的情绪，少些质疑、否认、批判或忽视。

在 Facebook 公司内部，有一堵名为"The Facebook Wall"的签名墙，员工和外来人士都可以在墙上写上自己想说的话，即使员工对公司有意见，也可以直接在墙上吐槽和发泄，任何人都无权干涉。如此，不仅打造了一个自由、公平、民主的环境，还给员工提供了一个合适的释放出口，

让平时忙于工作、长期遭受上司压制、郁郁不得志的员工获得了自由表达的机会。

员工在发泄一通后，心情会明显好转，再也不会因为压抑而情绪低落；有些员工发泄后会变得更加克制和理性，会更加了解公司的发展和自身工作。除了签名墙，一些公司还设置了内部交流的网络平台，让员工自由分享信息，结交朋友，相互吐槽。

管理者必须努力打造一个平等沟通的平台，不要给下属施加额外的压力。管理者依靠权力和地位来压迫下属，并对提出不同意见的员工进行处罚，只会让双方的交流受到职位和权力的束缚，最终使得下属不敢对管理者说真话，工作压力和委屈也无法得到有效释放。

一些公司老总经常和员工共进晚餐，或参加员工聚会，大家在一起有说有笑，没有管理者和下属之分，员工更容易畅所欲言，老总更容易听到真话，沟通更加真实。

一些公司会组织开放式的交流会，让大家畅所欲言，将平时在公司里不敢说的话都说出来，将在公司里受到的委屈和郁闷都吐露出来，甚至大胆披露管理者身上的缺点和不足。

一些公司制定了奇怪的规则，要求员工将管理者在一个月内犯的错误写出来，或将自己觉得不赞同的事情写出来，公司针对这些"负面信息"进行整理，然后给出解决方案。

有些公司还定了"员工批评日"，在这一天，员工都能表达对上司的不满，对不合理的管理方式提出异议。

这些交流方式让员工有了更多交流的主动性和积极性，也让彼此之间的关系变得更加紧密。

如果说打造平等的沟通氛围是为了创造良好的外部环境，那么为了打造良好的沟通氛围，就要调节好内在因素，这个内在因素就是态度，因为良好的沟通态度是形成有效沟通的关键。

员工出现负面情绪的原因有很多，比如个人原因、家庭原因、情感原因、工作原因等。一旦出现负面情绪，就会对其工作产生负面影响。特别是在工作效率方面，一旦员工将负面情绪带到工作中，就会极大地降低工作效率，从而影响执行效果的提升。因而，在现代企业管理中，如何控制员工的负面情绪，是保证执行力的关键。

管理者要与下属真诚交流，鼓励下属说出真实感受，引导下属勇敢说出自己对公司的建议和意见，说出工作中的不合理现象，或讲述自己的委屈，找出并解决工作中存在的问题，打造一种良好的沟通氛围。

打造开放的社交平台为沟通提供了良好的情绪释放空间，营造平等和谐的沟通氛围为情绪释放提供了基本保障，而真诚的态度则为情绪释放奠定了最重要的基础，只有将三者有机结合起来，团队成员才能在感性和理性之间找到最基本的平衡，才能保持更加健康的心态。

职场上的消极情绪大致可以分为三种：悲伤、愤怒、恐惧。管理者要分清种类，对症下药。

1. 员工很悲伤

沉浸于悲伤情绪中的员工，一般都是到得晚、走得早，他们一般都不会参加可能会引起不愉快的会议；他们会主动要求完成任务，会抓住远程办公的机会，逃避现实。遇到这类员工，最好的解决方案就是陪伴。如果员工因为个人遭受严重的损失而感到难过，就给他们提供帮助，让他们暂时把工作放一放，先来处理自己的悲伤问题；也可以让员工按照自己的节奏来消除悲伤，尝试给他提供几天休假，或缩短工作时间，或允许他远程办公。

2. 员工愤怒了

愤怒，会让员工精疲力竭，失去积极性，从而抑制认知能力。遇到这种情况，管理者用谦虚的态度去回应，会使员工的信心更加膨胀，增加他的愤怒情绪。作为管理者，最合适的办法是，让员工意识到：如果他们不支持其他人，就要付出更高的个人成本，于人于己都没有好处。

3.员工感到恐惧

能够引发员工恐惧的因素有很多，比如，令人沮丧的季度业绩、随意说出口的消极评论等。对于这个问题，管理者要坦然面对，要鼓励员工将负面情绪发泄出来，仔细倾听他们的担忧；要适当地与员工分享当下的焦虑，让他们知道，你跟他是站在一起的！

掌握好度：过度沟通，事事沟通，执行力也不会高

为了确保更好地执行，管理者要和下属做好沟通工作，要尊重下属，支持下属的工作，维护下属的权利，配合下属工作。如果员工遇到难题，管理者要主动地出面进行化解，帮助下属排忧解难。

在很多团队中，下属都是被动的执行者，他们每做一件事、每执行一个任务都会等待上级的授权，只有上级下达了命令，才会动手去做，久而久之，就会形成一种对人负责的文化氛围和制度。对人负责制确实能在一定程度上强化员工的纪律性和服从精神，却会压抑员工具有的主动性和创造性。

过度依赖上级，事事都要向上级请示，表面上是完善沟通体系，但实际上只能扼杀员工的主观能动性、积极性和创造性，让执行力陷入僵化的尴尬境地。员工工作的目的是完成任务，是做好某件事，而不是单纯地听从某个人的命令。员工作为一个完全意义上的服从者，必须服从；作为一个致力于完成任务的人，则应当拥有选择权、分析能力和解决问题的态度，需要对自己的工作表现出更大的责任感。

沟通意味着执行力，但过度沟通就会产生新的问题；事事沟通，会让员工变成纯粹"做事"而不懂得思考的人，会抑制个人的创造力。

在谷歌，员工享有很大的自主权，他们有权对自己的工作做出判断和决策，不用在每件事上都经过上级的同意或听从上级的指令。对他们来说，每件事都沟通只会造成浪费，导致工作效率低下，导致员工的活力

下降。

要让员工摆脱过去那种唯上级论的态度，要注重对自己的本职工作进行负责。

优秀的执行者都会实现沟通的平衡，明确"我要为管理者去解决什么问题"。在日常工作中，他们不会认为公司或老板发现的问题才叫问题，不会觉得老板下达指令的工作才叫工作，只要发现了问题，都有权利在第一时间做出判断和分析；如果情况紧急、来不及等待上级的批复、具备解决问题的信心和能力，他们可以先自己解决问题。

在上位者必须充分授权，以方便下属行事，否则事事指挥、干涉，下面的人遇事无权处理，会造成事情停滞，效率低下。至于下对上，则应事前请示，事后报告。

第六章
团队打造：打造高执行力的团队最重要

明确目标：制定明确的目标，确定执行的方向

团队在制定目标后，内部步调不一致、行动不统一、目标不一致，执行过程中就会出现很多困难，产生巨大内耗。

内部目标不统一是团队建设中比较常见的一种现象，这种不统一主要体现在两个方面：第一，各部门的目标不一致、不协调，行动脱节；第二，成员都有自己的目标，忽略了团队的共同目标。

各部门的目标不一致的主要原因在于，管理者没有做好协调和统一的工作，各部门在接受指令后，没有将自己的执行与其他部门的规划结合起来。比如，公司老总期待年底的主营业收入突破5000万元，但各部门都有自己的想法，生产部门设定的目标是产品达到200万件，而采购部的材料最多只能支撑200万件产品。

为了平衡收支，财务部想将营业额设定在4500万元。如此，产品投入与产出比最大，再次增加投入，就会额外增加许多成本。

市场部期待的目标是，稳住现有的两个主要市场，然后拓展一个新海外市场，按照计划公司的主营业额可能会突破6000万元。

老板希望公司营业额突破5000万元，但各部门已经提前规划了自己的设想，财务部设想的营业额维持在4500万元，市场部为6000万元，一旦目标转换，可能营业额只有4000万元。只有市场部的目标与老总的期待一致，几个部门协调不好，公司目标可能会停留在4000万元左右。

团队内部各部门之间脱节通常源于：内部沟通不及时，导致各自为

政，缺乏协调性。

员工目标之所以脱节，是因为大家的追求、喜好和能力等都是不同的，工作目标自然也就不同。有些员工工作的目的是获得高工资，有些员工工作的目的是升职，有些人则是为了实现自我价值……不同的个人目标代表了不同的个人利益，如果个人利益无法得到约束和引导，就可能对团队目标的实现产生阻力，继而影响到执行力的实施。

一家公司准备开发一个新项目，让员工调整各种方案。讨论时，A要求公司开发一号项目，自己愿意担任负责人，因为该项目难度系数大，具有挑战性，一旦获得成功，个人的声望将会更上一层楼。B相对保守，更希望选择难度系数不高的二号项目，该项目比较容易实现，拿到提成和奖金也相对容易。C则倾向于开发三号项目，该项目的潜在客户是自己的堂弟，只要顺利开发，就能给家人带来更多的利益。

这里A、B、C三个员工都有自己的利益倾向，都按照自己的利益来选择不同的项目，他们可能会相互争执，彼此对立，很难保持和谐与统一。想要打破部门不协调、个人利益至上的局面，管理者就要统一内部的工作目标，这里就涉及两个关键词："强制"与"协调"。

"强制"主要是指，管理者要强化团队内部对于工作的认识，让每个部门、每个人都将主要精力放在目标的实现上。无论是部门内部的发展利益，还是个人的利益追求，都需要服从团队的集体利益，都要建立在团队目标顺利实现的基础上，因此要将部门目标和个人目标都纳入团队目标的体系中。管理者要明确发展规划，将规划内容以指令的形式下达到每个部门和每个人手中；要对部门和个人的执行情况做出考核，对工作流程进行监督，确保工作朝着目标推进。在这个过程中，管理者要制定统一的规划和制度，让所有部门、所有人保持统一的节奏。

"协调"指的是，管理者允许部门和个人有自己的利益考量，如果部门内部的利益无法得到保障，个人利益无法获得尊重，整个团队的执行意愿就会下降一个层次。

"强制"和"协调"是统一团队目标的重要方式，通过这两种风格不同的方法，管理者就能将内部执行体系打造成一个完善的整体，为团队的发展指明方向。

设定愿景：用愿景将大家集合在一起

管理者的首要任务就是引导员工调动内心的欲望，让员工提高工作的执行效果，而要想做到这一点，最简单的方法就是为员工设定一个美好的愿景。

创业起步阶段，公司遭遇了巨大的资金困难，发展处处受到掣肘，长时间都无法解决问题。有些员工的信心开始动摇，对经常到月底领不到工资的工作，他们感到很绝望，工作积极性也越来越低。

老板意识到问题的严重性，立刻召开内部会议，给员工描述了一个美好的前景：员工的工资太高，不知道怎么花，于是在迪拜、美国、新加坡等投资房产，以后出国就像回家一样，到哪儿都能住到自己的房子。员工以后出门都不再步行或坐出租车，可以直接开跑车来上班，到时公司可能还得打造一个世界上最大的跑车停车场。

员工们听了都哈哈大笑，虽然都知道这个愿景带有玩笑性质，但也深深触动了他们的神经：也许自己有一天真的能获得类似的成功。

这次会议之后，许多员工都放弃了离职的念头，并下定决心继续努力。

作为执行者，员工一般都渴望了解团队的发展方向和目标的实现方法，而愿景就能解答所有问题，还能帮员工绘制一幅美好的蓝图。心中有了期许，员工的行动力就会高很多。

管理者通常希望员工拿出最佳的执行状态，而想要推动员工执行，有很多方式，比如，管理者利用自己的权力强迫员工工作，明确告诉对方"应该做什么""应该这么做"，以及"应该那么做"，这是一种相对暴力的方法。

在如今的管理哲学中，这类方式依然可以推动执行力，但是它的戏分已经逐步减少。在现代管理体系中，管理者与执行者之间的关系更为融洽，需要的弹性也更大，强迫手段运用得越来越少，管理者扮演的是引导者的角色。

设定愿景与直接奖励有很大的不同：设定奖励是要直接告诉员工"你如果做了这份工作且做得不错，我会给你奖励"；而设定愿景的目的在于，告诉员工"你如果做了这份工作且做得出色，就能为自己带来许多有价值的东西"。这些"有价值的东西"不是管理者给的，而是员工依靠自己的努力得到的。

当然，并不是所有愿景都能产生积极的引导作用，都能够激发员工的本能和欲望，设定愿景必须抓住这样几个元素：情绪能量、形象表达、期望和观念。

1. 情绪能量

管理者要借助情绪能量来鼓舞和感染员工，提升愿景的吸引力。以平和的、毫无力量的声音与他人进行沟通，整个对话就会显得沉闷很多。想要爆发出情绪的力量，管理者表达的时候就要慷慨激昂，要带有浓郁的感情色彩，要注意抑扬顿挫，真正刺激倾听者的欲望。

2. 形象表达

形象表达就是借助形象生动的话语来描述和修饰愿景，突出愿景的价值与内涵。当然，要想将愿景表达得形象一些，语言就要生动，比喻就要优雅，点缀更要有独特的好处……因为只有修饰性的语言，才能引发员工的联想，才能调动他们的思维。

3. 期望

期望是指管理者希望团队表现出来的状态和执行水平。这些期望往往建立在核心价值观与经营管理原则得到确定的基础上,可以用来规范和指导员工的执行行为。此外,还要对执行者进行必要的考核,确保执行符合预期的要求与核心价值观。

4. 观念

观念就是一种设想,设想往往建立在对现实状况的评价基础之上,管理者要根据现状对未来进行合理评估,设定发展目标及实现目标的方法,让执行者对未来的发展充满希望。

管理者只要把握住这四个要素,就能更好地将愿景故事输送到员工大脑中,并引发更多联想和思考,甚至产生共鸣。如此,员工就可以更好地理解管理者的想法,更好地指导自己的行动。

减少依赖：不让员工做"乞丐"，促使他们动起来

一提到"乞丐"这个词，很多人可能会立刻想到在街边乞讨的人。在我们这里，乞丐不是一种身份，而是一种精神状态，指的是一类人。他们做事被动，喜欢索取，不愿意主动负起责任，总是依靠别人，觉得受人恩惠是理所当然。

琳达大学毕业后，应聘到一家创业公司。按照她的最初预期，自己能够在公司从事重要工作，工作具有挑战性。幸运的是，入职后她被安排到了总裁办公室，担任总裁助理。

可是，她很快就发现，领导安排给她的都是一些琐事，比如，接待客户，收发传真，起草文件，行程安排等。最不能接受的是，老板居然还让她粘贴报销发票。这份工作又烦琐又没有技术含量，一个月后，她实在受不了了，便提出了辞职。

后来，有一个女孩陆璐接替了这份工作。与琳达不同的是，陆璐在贴发票的同时，还会将发票单额的出处记录下来并做好统计，其实她是在做大数据分析。通过对数据的进一步研究，陆璐了解了老板常去的饭店、选择饭店的规律和行为偏好。

后来，每当老板让陆璐帮忙预订饭店时，只要知道来客人数及身份，她就能将事情安排好。次数多了，老板也很不解，问她原因，她笑着说："我只不过做了一个小小的统计而已。"

老板对陆璐有了一个新的认识。半年之后，客服部有一个副主管的空

缺，老板在第一时间就想到了陆璐。

事实证明，在如今的团队中，多数都是20%的人带着80%的人在跑。在今天的公司中，虽然不是80%的人都是"乞丐"型员工，但具有这种特征的人却不少。

团队执行力的提升，很大程度上取决于非"乞丐"型的员工所占的比率。同理，对于个体来说，即使是优秀人才，也难免受到环境的影响偶尔进入"乞丐"型状态，如果不加以约束，一旦养成习惯，执行力就会弱化很多。

在职场中，可以把员工分为两类：一类是"乞丐"型员工，另一类是非"乞丐"型员工，具体区别如表6-1所示。

表6-1 职场中的员工分类

员工类型	特点
"乞丐"型员工	（1）被动。这类人一般都是等到上级分配了明确的任务后，才知道做什么，从来都不会主动开展工作。即使接受了工作任务，也是让做什么就做什么，不会思考：为什么要做这些？是否有更优化的解决方案 （2）不上心。这类人几乎不会担心工作会出现什么问题和差错，只在意报酬和职位，公司内部的任何风吹草动都能尽收眼底 （3）没有担当。工作时遇到问题，他们首先想到的是怎么推卸责任，或者各种抱怨，并不会主动想办法解决 （4）不愿努力。他们期待以最小的付出谋取尽可能多的利益，即使得到什么，也会心安理得地接受
非"乞丐"型员工	（1）责任心强。他们愿意承担风险和责任，愿意接受挑战，敢于尝试新鲜事物，敢于担当，容易获得尊重和回报 （2）谦卑。这类人一般都觉得无功不受禄，即使是自己应得的，也会感到莫名的亏欠，至少不会觉得心安理得 （3）主动。他们做事积极主动，即使没人监督也是如此

那么，作为管理者，该如何燃起员工的激情，让他们全心投入工作呢？

1.知道员工的期待并给他们机会

人都是为了目标和希望而努力，管理者要让员工感觉企业能满足他们的期望。管理者不了解员工的期望，或员工感觉管理者不能满足他们的期望时，他们就会觉得"自己努力了也没用,还不如不努力,图个舒服或赶紧跳槽"。

管理者不能糊弄、忽悠员工,应当坦诚地告知员工能给他们带来什么;甚至可以在招聘的时候与员工谈判,鼓励员工提出要求,说出他们的真实意图或梦想。比如:"你想从公司得到什么?""你有什么条件?"这样既能让管理者迅速了解员工的真实意图,又可以避免产生误解,方便管理者采取针对性的措施,给员工提供满足期望的可能性。如果员工知道管理者确实关注他的需要和梦想,并有实现的可能,就会努力去实现,工作的积极性也会明显提高。在日常管理中,管理者要为员工打开跳一跳够得着的上升通道,给员工创造更大的发展空间。

2. 知道员工的基本需要并尽量满足

管理者要深入员工当中,认真分析每位员工的基本需要,并区别对待,给予满足。基本需要满足了,员工才能产生高级需要,管理者才能向他们提出更高的要求。如果员工有了后顾之忧,比如,缺乏安全感,就会对企业缺乏归属感,离心离德,怎么会积极工作?怎么能提高工作效率?

3. 管理者表现出工作激情

如果管理者是一头绵羊,就不会带出一群狼。要想激励别人,必须先让自己表现出激情。让员工争先创优,管理者首先就要有争先创优的决心和信心,以一种无形的人格魅力感染大家。对于管理者来说,只动嘴皮,会引起员工的厌恶和排斥;应当以领航者的姿态,充满信心和激情,带领员工不断向着目标奋进,让下属与你保持同步。

4. 给核心员工充分的信任

缺乏信任的团队,很难激发战斗力。信任、信赖是一种高级情感,失去了信任,员工就会失落和痛苦。信任,是一种无形的力量,能够督促员工努力干好工作。信任的关键在于"用人不疑",管理者要充分信任核心员工,让他们承担具有挑战性的工作。当然,用人不疑不代表不监督,给员工信任的同时,还要做好监督。

合理施压：引进"鲇鱼"，点燃员工的激情

无论是传统型团队还是自我管理型团队，时间久了，成员彼此熟悉，就会缺乏活力与新鲜感，从而产生惰性。尤其是一些老员工，工作时间长了就容易厌倦、懒惰、倚老卖老，因此有必要找些外来的"鲇鱼"加入团队，制造一些紧张气氛。

挪威人喜欢吃沙丁鱼，因此很多人都以捕鱼为生。

在海上捕得沙丁鱼后，只要这些鱼能够活着抵港，卖价就会比死鱼高出几倍。但是，沙丁鱼很懒，不喜欢运动，返航的路途又很长，回到码头的沙丁鱼很多都是死的。

但奇怪的是，有一位渔民捕获的沙丁鱼却都是活的，赚的钱自然也就比别人多。人们都向他询问经验，可是该渔民却紧闭嘴巴，直到在去世的前一刻，他才告诉人们："秘诀在于鲇鱼！"

原来，鲇鱼喜欢吃鱼，将鲇鱼装入鱼槽后，鲇鱼就会四处游动，沙丁鱼看到了天敌，就会感到异常紧张，加速游动，生命力就会被激发，如此沙丁鱼就能活着回到港口了。

这就是"鲇鱼效应"。这个故事再一次告诉我们，有竞争，才会有动力。在鱼槽里投入几条鲇鱼，看起来似乎是为了让其肆意捣乱，其实最终目的是让沙丁鱼群活跃起来。

关于"鲇鱼效应"，这个故事的思维确实值得借鉴。为了实现管理目标，为了改变企业一潭死水的状况，就要引入和运用"鲇鱼型"人才。如

此，才能打破团队内部原有的平衡，创造新的平衡；打破原来的节奏，重塑新的节奏。

马斯洛的需求层次理论告诉我们：一旦到达了某个境界，人们努力工作就不再是为了物质，更多的是为了尊严，为了自我内心的实现。所以，一旦在团队中放入"鲇鱼"，比较懒散的员工可能就会为了证明自己的能力而再次努力。

而对于能力上刚能满足团队要求的队员来说，"鲇鱼"的进入，将使他们面对更大的压力，稍有不慎，他们就有可能被清出团队。为了继续留在团队里，他们不得不比其他人更用功、更努力。可见，在适当的时候引入一条"鲇鱼"，可以在很大程度上刺激团队战斗力的重新爆发。

当团队成员懒散时，引进"鲇鱼型"人才，也可以取得这样的效果。一方面，新进入的人才，作为新鲜血液，必定会给企业带来朝气和活力，同时管理者也可以趁此机会，把先进的管理经验和新的技术带进团队；另一方面，鲇鱼型人才的到来，也能给职场沙丁鱼带来压力。

1. "鲇鱼效应"有效激发员工活力

"鲇鱼效应"是激发员工活力的有效措施之一，主要表现在两方面：

（1）企业要不断补充新鲜血液，把富有朝气、思维敏捷的年轻生力军引入团队，给故步自封、因循守旧的懒惰员工施加一些竞争压力，唤起"沙丁鱼"的生存意识和竞争求胜之心。

（2）企业要不断引进新技术、新工艺、新设备、新管理观念，使企业在市场大潮中搏击风浪，增强生存能力和适应能力。同时还要留意，挑选"鲇鱼"的目的是适度刺激，需要把握好数量，以免引起团队的整体波动。

2. 鲇鱼型人才的引进需谨慎

首先，鲇鱼型人才的引进也要适度。放入鱼槽的鲇鱼太多，沙丁鱼还没到岸，就已经被吃完了，这样也就失去了原有的意义。管理中，为了激活团队成员，空降的鲇鱼型人才不宜太多，两三个足够，否则，会引起老成员的反弹，不满情绪爆棚。更何况职位本来有限，鲇鱼过多，不仅会造成人力资源的浪费，还会在无形中减少员工的上升渠道。

其次，管理者引进这类人才的目的就是让团队更具活力，所以在给沙丁鱼施加压力的同时，要给予正面引导，遏制可能出现的不良竞争。否则，团队中就会人际关系紧张、人人自危，反而会破坏团队的团结。

危机意识：让员工树立一定的危机意识

《左传·襄公》有言："居安思危""思则有备，有备无患。"意思是说：只有居安思危，才能保持清醒的头脑；只有未雨绸缪，才能防患于未然。员工必须时刻树立危机意识，因为危机总是潜伏在没有危机意识之中。

寓言"水煮青蛙"的内容大致是这样的：

把一只青蛙放进沸水中，它会立刻感受到危险的存在，拼命跳出；

把青蛙放入凉水中，逐渐加热，青蛙会在不知不觉中降低跳出的欲望，减少跳出的能力，变得越来越脆弱，直至被热水烫死。

这就是典型的"温水效应"，它告诉我们一个道理：生于忧患，死于安乐。

为了增强员工的危机感，波音公司别出心裁地摄制了一部模拟公司倒闭的电视片，主要内容是：

在一个暮霭沉沉的日子里，波音将"厂房出售"的招牌高高挂起，同时在扩音器里传出了通知："今天是波音公司时代的终结，波音公司已关闭了最后一个车间……"有些员工垂头丧气地离开。这时候，惊人的一幕出现了，或许是感受到了强烈的危机感，员工重新回到了工作岗位，以主人翁的姿态努力工作，为公司注入了强大的后劲。

这种做法告诉我们：企业要想在激烈的市场竞争中永远立于不败之地，管理者和员工就必须有危机意识。当然，任何危机都不是随机出现的，一般都悄悄地潜伏在没有危机意识的企业中。要想提高危机意识，管理者就要居安思危，建立预警机制。

危机并不可怕，没有危机才是可怕的，而没有危机意识更可怕。员工有危机意识，就能提高工作积极性，就能提高执行的效果。而对于企业来说，只有员工具备危机意识，企业才能在生产经营中辩证地分析和观察形势，获得源源不断的发展动力，保持科学、健康的发展步伐。因此，要想加快执行的速度、要想提高执行效果，就要不断地增强员工的危机意识。

百事可乐是美国最大的软性饮料公司之一。虽说成绩不错，但管理者却意识到：随着竞争的加剧，员工必须保持清醒，决不能沾沾自喜、盲目乐观；为了避免市场份额的削减，应该让员工时刻面临着危机。

为了让员工树立危机意识，总裁韦瑟鲁普刻意制造了一种危机感。他让销售部经理重新制定了一项工作制度，大大提高了以前的工作任务，要求销售额同比增长15%，并向员工强调，这是经过市场调研后做出的调整，让公司一直处于紧张有序的竞争状态，保证了百事的长足发展。

可见，无论是企业还是个人，只有做到未雨绸缪，危机降临时，才不会惊慌失措。

危机激励是一种典型的逆向激励，其通过唤醒员工的危机意识，引发员工的斗志。就像一个人在森林中被猛兽追赶，为了不被野兽吃掉，必须使出吃奶的力气，以超出平日百倍的速度不断向前奔跑。

因此，管理者要及时将外部的不利因素导入内部，让员工产生危机感，提高执行力。

管理者向员工灌输危机意识，可以围绕企业前途危机与员工个人前途危机两方面的内容展开。

（1）管理者要向员工灌输危机意识，激励他们努力工作，将企业变得更加强大。

（2）管理者要让员工意识到企业危机和员工危机是紧密相连的，让员工树立"人人自危"的危机意识，只要员工在这方面形成共识，就会主动营造一种积极向上的工作氛围。

第七章
有效授权：给员工权力，让其主动执行

正确选人：选对人，才不会影响执行力

给下属授权，一定要先考虑他的工作能力。为工作选择合适的人选，是防止下属反授权的前提。

从前，有个国王养了一只聪明伶俐的猴子。猴子对国王言听计从，还会翻墙爬树，国王十分喜爱它。国王觉得猴子比身边的大臣、侍卫还可靠，每时每刻都让它跟在身边，连自己的宝剑都让猴子拿着。

一次国王出行，走到行宫花园的时候，打算在这里休息一下，便将宫女和侍卫安排在外围，只留猴子陪伴。他对猴子说："你拿着我的宝剑，就是我的贴身侍卫。现在我想睡一会儿，如果有人想害我，你可一定要保护我！"

猴子似乎听懂了人言，握紧宝剑，点点头。看到猴子这样忠诚，国王就放心地睡着了。

不一会儿，一只蜜蜂飞到国王头上。猴子看到后，跳了起来，赶跑了那只蜜蜂。接着，又一只蜜蜂飞过来，看到国王马上就要挨蜇，猴子大急，立刻拔出宝剑，向那只胆大包天的蜜蜂砍去。

空中立刻传来一声惨叫，宫女和侍卫听到声音，立刻冲了进去，眼前的一幕惊呆众人：国王的脑袋已经被砍下，他的身体倒在血泊中……

授权人选得不合适，结果很可能就是灾难性的。

权力代表了影响力和切实的作用，在授权期员工不是领导者，就是操作者，他们的所作所为直接影响事情的结果。把权力交给一只猴子、一只狗、一个愚蠢的员工，只能取得危险的结果。面对这个结果，人们不会苛

责猴子、狗或愚蠢的员工，只会厉声质问授权者："你授权的时候没长眼睛吗？你动脑子了吗？你疯了吗？"

对管理者来说，无法为项目和任务找到合适的授权人选，原因通常有两个：一个是团队人才匮乏；另一个是领导力缺乏。其实，只要团队有足够的人员，很容易挑选出一个人来负责此事。如果员工有项目经验，可以让他直接挂帅；如果员工有技术优势，也能立刻扶植上马；如果员工有创新想法，还能给他们提供练兵的机会……总之，在授权问题上，管理者一定要独具慧眼。

对于授权，美国沃尔玛创始人山姆·沃尔顿有两句精彩的话：

（1）管理者要明白，要想逼死自己，最快的方法就是将权力都抓在自己手里。

（2）世界上最困难的事情就是，把自己擅长的工作交给别人，再眼睁睁地看着他把事情搞砸。

不授权，你要忙死；授权，你要憋死。如果是你，会如何选择？

在心理学家马斯顿博士的 DISC 四种性格类型中，不同性格的领导对于授权的态度是不同的，如表 7-1 所示。

表7-1 DISC理论基本模型

性格类型	说明
Dominance型	这类管理者一般都缺少安全感，总觉得他人不安全，不信任下属，即使将工作交给下属，也不放心；他们工作能力强，重视权力，喜欢工作，总是越俎代庖，愿意自己干
Influence型	这类管理者一般都愿意授权，但授权后可能会继续干涉，或随时可能调整
Steadiness型	这类管理者一般都愿意授权，一旦授权，就会完全放权，会充分信任下属，全权交给下属去做
Compliance型	这类管理者一般都认真对待工作，注重细节，如果下属犯过错误，他们就不会再相信下属

了解了不同性格的领导对授权的态度，那到底该如何授权呢？

1. 明确授权对象

确定把工作授权给谁。根据岗位要求，结合任务本身，看看任务属于哪个岗位的职责，就分配给哪个人去做，重要的是把工作交给合适的人去做。

2. 对员工提要求

把工作分配给下属时，要明确工作标准和权限范围，提出任务要求；为了保证工作顺利完成，要确定好使用期限。

3. 任务分析

对任务本身进行分析，明确权限，确定任务是否该授权，如果是自己的职责，就不能授权。

4. 过程监控

监控方式要根据任务的重要性和性质来确定。任务越重要，对监控越重视；下属特质不同，监控方式也应不同。具体如表7-2所示。

表7-2　针对不同下属所采取的监控方式

特质	说明
D型下属	为了防止这类下属"过分完成"，可以采用"阶段性的工作进展汇报"的方式。对他们的工作不用管太多，只要让他们在规定的时间内向上汇报就行
I型下属	为了获得上司的奖励和认可，I型下属一般都喜欢将所做的工作汇报给上司。因此，对于这类员工，要采用"随时汇报和关注"的监控方式
S型下属	这类员工一般都不喜欢被监控，主要是怕上级施加压力，即使开始着手做事情了，也不慌不忙，不太注重效率，因此，管理者要对他们实时保持关注，督促其提升效率
C型下属	对这类下属，可以"严格按照计划推进工作"，帮助他们计划好工作的节点，实施监控

5. 任务评估

任务评估包括过程的评估和结果的评估。而这里所说的评估主要是结果的评估，把最初的任务要求作为评估依据，评估后根据结果实施奖惩。

因事设人：实现岗位和员工的匹配，才能人尽其用

如今，很多管理者的愿望都是："我们企业一定要用非常优秀的人才，庸才我们不用。"管理者都希望员工非常优秀，但这种用人理念正确吗？在我国历史上，汉朝刘邦的成功与楚国项羽的失败就是"人岗匹配"成败的对比例证。

高祖刘邦文不能安邦、武不能治国，却懂得招募并恰当地使用各类人才，让张良、萧何、韩信等许多能人智士都能慕名而来、竭尽所能地帮助他定国安邦，使他成就了千古伟业。而西楚霸王项羽却沽名钓誉、刚愎自用，让许多人才离他而去，最终落得自刎乌江的下场。

从管理学角度去看，这个都是"人岗匹配"的恰当例证。国家治理同企业治理的道理一样。如果企业员工，要么高能低就，要么低能高就，谈不上有高的工作效率，也不会有好的经济效益。

人岗匹配程度高的企业，员工旷工率、抱怨和离职率都较低，员工的工作满意度高、工作效率高、归属感强，更愿意长久地为该企业服务。

人岗匹配水平高的企业，工作效率和劳动效率也不会太低，其人工成本支出、与企业效益匹配也是最合理的，能够实现"低成本高收益"。

人岗匹配程度高的企业，关联绩效必然也不会太低，为了完成额外的工作，员工不仅会付出更多的热情，也会更加努力，主动承担起工作之外的任务；他们会更加团结，提高团队士气，营造活跃积极的团队氛围。

所以，要想提高执行力，就不要用最好的人、最优秀的人，要用最合

适的人，让个人能力和个人岗位相匹配。

每个优秀的团队都有自己的团队文化和价值观，有时员工不适合工作并不是因为能力差，可能是两者文化不匹配。

汤姆是个艺术家，有着多年的国外游历经验。他年幼的时候就走出了国门，在很多国家都生活过，艺术功底非常扎实，人也非常幽默，跟同事都相处得不错。

一次，老板的母亲过生日，所有高管都去给老人祝寿。宴席结束，只剩下几位下属和几个领导。老板一时高兴，让大家都说说心里话，可以直言不讳，也可以给老板提些建议。

汤姆听完，眼前一亮，抓住这次机会，对公司发表了一通连珠炮似的点评。

老板的脸色就像点燃的炮竹，一会儿白，一会儿红，然后又由红转黑，待到脸色开始发紫时，生气地抓起一瓶矿泉水飞过去，正中汤姆额头。

汤姆的演讲戛然而止，同事立刻上去帮他解围，宴席不欢而散。汤姆第二天就离职了。

有的时候，员工不被接纳或最终离开，不是因为不够优秀，只是因为大家不是一类人。

"人岗匹配"就是，按照"岗得其人""人适其岗"的原则，根据不同素质将不同的人安排在最合适的岗位上，做到"人尽其才，物尽其用"。

企业与员工是一个利益共同体，企业是员工职业生涯的舞台，员工适合干什么，就要尽量将他们安排到适合的岗位；要让他们充分发挥自己的才能，让他们在舞台上尽心表演。

1. 知岗：工作分析

"人岗匹配"的起点是知岗，因为只有了解了具体岗位的职责范围和要求，才能选择适合的人才，才能实现"人岗匹配"。脱离了岗位的要求和特点,"人岗匹配"也就失去了根本。

当然,对于知岗最基础的是工作分析。工作分析就是,从事某项工作的时候,收集和整理相关资料,进行汇集、研究和分析。其主要内容如下:明确岗位所需人员的条件;确定岗位招聘人员所需的资历;根据其岗位职责确定其岗位薪资;根据岗位所需技能制订该岗位现有人员的培训发展计划。

2. 知人:胜任素质

要想了解一个人,方法有很多,比如:履历分析、纸笔考试、心理测验、笔迹分析、面试交谈、情节模拟、评价中心技术等,但这些方法对"人岗匹配"的帮助都不太明显。实践告诉我们,"胜任素质"是帮助管理者实现最佳"人岗匹配"的有效工具。

当然,为了通过"胜任素质"来了解下属,可以通过建模、定标、评价、知人四个步骤来完成(如表7-3所示)。

表7-3 通过"胜任素质"了解下属四步骤

步骤	说明
建模	建模是指,根据企业文化和业务发展,建立起符合企业自身特点的岗位胜任素质模型。根据胜任素质模型,对各岗位应具备的能力进行评估
定标	定标是指,让专家、管理者、上司、在岗人员及其下属等,共同对岗位需要的胜任素质水平做出评估,之后参考同类团队对岗位的要求,确立本岗位的胜任素质标准
评价	评价是指,通过对员工的诊断和评估,建立发展评价中心,包括: 心理测验。主要包括能力倾向测验、职业兴趣测验、动机测验、管理风格测验 情境模拟。主要包括无领导小组讨论、角色扮演、管理游戏、案例分析等 专家面谈。主要包括结构化面谈、半结构化面谈和非结构化面谈
知人	知人是指,以"人岗匹配"为原则,建立胜任素质模型,运用已经建立的发展评价中心,对现有岗位进行人员素质评估,对胜任素质的各维度进行比较,保证团队调整的顺利完成;同时,建立的人力系统,将岗位胜任要素变成企业的核心竞争力

3.匹配：知人善任

没有平庸的人，只有平庸的管理！每个人都有自己的特点和特长，只有让下属去做他们适合的事情，才能让他们将自己的潜能充分发挥出来，才能实现人才效用的最大化。

明确指令：正确给下属分配工作，让他们立即行动

从领导的工作安排能够看出领导的情商、风格和作风，处理得当，一般不会发现问题；但是，如果工作安排不合适，他们就会立刻受到员工的抵制。这些事情本来都很小，但随着时间的推移，会逐步积累，酿成祸害。

现代管理者一个非常重要的能力就是正确给下属分配工作。那么，怎样才能做到有效安排呢？

1. 先定工作后选人

（1）选定需要安排的工作。首先，管理者要认真考察要做的工作，知道这些工作需要做什么、有什么特殊问题、复杂程度如何。其次，向下属说明工作的性质和目标，保证下属能够通过工作获得新的知识或经验。切记，不要把"热土豆"式的工作安排出去。所谓"热土豆"式工作是指，处于最优先地位并需要立刻亲自处理的特殊工作。另外，非常保密的工作也不要安排给别人去做，如果某项工作涉及只有你才能了解的特殊信息，就不要安排给下属。

（2）选定能够胜任的人。要对下属进行综合评价，可以花几天时间让下属将自己的职责评论落实到文字上。关键在于两点：了解工作的进度，知道下属完成工作的速度，掌握下属对工作了解的深度。如果对下属的分析正确公正，就容易选出能够胜任工作的人。

2. 把工作安排在下午

（1）确定安排工作的时间、条件和方法。很多管理者上班后的第一件事便是安排工作。这样做，可能方便管理者，却有损职员的积极性。原因在于，他们被迫改变原定的日程安排，工作的优选顺序也要调整。因此，为了便于下属为明天的工作做准备，安排工作最好在下午，把安排工作作为一天的最后一件事。

（2）制订计划。确定了明确的目标，才能开始安排工作。要把计划达到的目标写出来，给下属一份，自己留一份备查。

（3）安排工作。首先，安排工作之前，需要把之所以选这个人的原因讲清楚。不仅要强调积极的一面，还要让下属知道他完成工作应该担负起的责任，让他知道完成该项工作对他目前和今后在组织中的地位的影响。其次，要向下属说出你所知道的一切，不要因为没有讲完而给下属设下工作陷阱。再次，告诉他什么时间汇报工作，并明确要求。最后，要肯定地表示自己对下属的信任和对工作的兴趣。

3. 安排之后的评定

（1）检查下属的工作进展情况。对下属工作检查得太勤，会浪费时间；对安排出去的工作不闻不问，同样无法提高工作效果。检查计划的设定，主要取决于工作的难易程度、下属的能力及完成工作需要的时间。如果工作难度很大，就要对进展情况进行检查，每一两天检查一次。此外，还要认真倾听下属的意见和报告。最后，用坚定的口气向下属提出要求，让下属在规定期限内完成工作，促使下属继续努力。

（2）检查和评价安排工作系统。完成了安排出去的工作后，要在适当的时候对安排工作系统进行评价，以求改进。为了做好安排工作系统的评价工作，要明确这些问题：工作能否在规定的时间里完成？工作目标能否达到？下属是否想出了新方法？下属是否从工作中学到了新东西……

要将这些问题作为评价安排工作情况的基础，让下属进行评论。

4. 安排工作时有些事情不能做

（1）不要给员工太大的压力。强迫员工尽快完成任务，而不考虑任务的数量、任务的难度或障碍，会让员工倍感压力，不利于工作效率的提高，不利于工作的执行。

（2）不要临时派发任务。工作中，总会遇到突发情况，这时候就要立刻处理。总是给这个人叠加任务，而不考虑新工作与该员工手头的工作是否存在冲突，就是对这个人或这件事的不负责。

（3）不要少了对下属的帮助。给员工分配任务，如果员工遇到了困难，就要给他们提供必要的帮助，要多一些耐心，少一些敷衍。

（4）不要催促下属赶进度。刚接到任务，员工肯定还没有完成多少，管理者直接问他们进度，该员工肯定会忍不住骂人，毕竟完成工作是需要时间的。

（5）下班前不要派发任务。马上就要下班了，突然收到了上司的任务，是最让人生气的。下班后员工本来可以放松一下，打算购物或看电影，突然接到上司的新安排，甚至还要求尽快完成，员工心里肯定会感到不爽。

（6）不要占用员工的私人时间。工作和生活是有界限的，为了得到更好的晋升，员工需要在工作和生活之间自由切换。管理者在下班后问员工工作，员工就会感到很不高兴，因为这会牺牲他的休息时间。

权责平衡：授予权力的同时让员工承担起责任

授权能够解决下属无权的问题，有利于调动下属的积极性，提高执行效果。但是，不仅要授予员工权力，更要让员工承担起应有的责任，在授权的同时，要明确告诉员工应该负哪些责任。权力太大，责任太小，下属大权在握，就会随心所欲，为所欲为；权力太小，责任太大，下属权力不够，就不方便一些工作的顺利开展。

海尔电冰箱厂建有一个材料库，共五层楼，一共有2945块玻璃，每块玻璃上都贴着一张小条。小条上都印着两个编码，第一个编码上写着负责擦窗户的责任人，第二个编码上写的是负责检查窗户的人员。

海尔在考核准则上规定：玻璃脏了，责任不由具体擦玻璃的员工承担，而是检查者。如果玻璃脏了，责任会由检查者而不是擦玻璃的员工承担。

海尔OEC管理法的核心是，对工作的分解强调"三个一"，即分解量化到每一个人、每一天、每一项工作。在海尔，大到机器设备，小到一块玻璃，都清楚标明事件的责任人与监督人，有详细的工作内容及考核标准，做到了"奖有理、罚有据"。

这种管理的核心是，不去想个人工作态度如何，要把责任锁定，即使是一项简单的擦玻璃的工作，也要明确指定两个责任人。海尔冰箱总共有156道工序，海尔精细到把156道工序分为545项责任，然后把各项责任落实到每个人的身上。

"人人都管事，事事有人管"，这就是海尔成为中国企业榜样的重要原因。即使是车间里的一扇窗户玻璃，其卫生清洁也有指定员工负责擦，也有指定的员工负责检查，更何况产品的生产和销售？

责任锁定，首要的是锁定责任的归宿。这是上下级之间保证执行的要点。管理者虽然要善于授权，给下属提供一个尽情发展的空间，让下属人尽其才，但这并不意味着能随意授权，对下属少了责任的宣导。懂得授权的管理者，都善于向下属传递责任意识。

这种授权类型要求双方就以下五个方面达成共识，并做出承诺。

（1）指导方针。指令型授权，一定要有明确的限制性规定。不加约束的放任，最终只会扼杀员工的能动性，让员工回到初级的指令型要求上。

（2）责任归属。要制定业绩标准，并用这些标准来对员工的工作成果作出评估；制订具体的时间表，告诉员工：何时提交业绩报告、何时进行评估。

（3）预期成果。双方都要明确并理解最终的结果，要以结果为中心；要投入时间、耐心，详细地描述最终的结果，明确具体的日程安排。

（4）明确奖罚。明确告知评估后的结果，包括：财物奖励、精神奖励、职务调整以及该项工作对团队使命的影响。

（5）可用资源。要告诉员工可使用的人力、财物、技术和组织资源以取得预期的成果。

建立标准：建立一套合理的用人标准，有度可循

授权时，要考虑权利是否与授权对象的职务和能力相符。只有建立合理的用人标准，才能做到有度可循。

先看一个案例：

法国资产阶级革命时期，罗兰夫人是吉伦特派的一个主要领导人。在吉伦特派主政时期，大革命正好进行到关键时期，法国各地对人才的需求大增。但是罗兰夫人思想比较传统，认为优秀的人才必须具备高贵的出身。

在大革命的冲击下，法国贵族阶层遭受了毁灭性打击，很多人死亡和隐匿，而新的资产阶级知识分子却没有显赫的出身。罗兰夫人常常挂在嘴边的一句话就是："法国到处都是侏儒，无人才可用！"

这种观点对选拔政府人才产生了负面影响，对人才的要求异常苛刻，只重视有名望的贵族子弟。结果，由于缺少能适应革命潮流需要的人才，制定不出反映新的阶级要求的革命纲领和执政方案，大失人心，吉伦特派执政不到半年就被推翻了。可见，只有制定选择标准，才能在茫茫人海中找到所需的人才。那么，如何做到这一点呢？

1. 唯贤唯德

只有拥有众多德才兼备的人才，管理者授权才能轻松很多，下属之间才能保持良好关系。管理者授权就应该授给有才之人，被授权人不仅要有才，还要有德。被授权人必须坦诚认真、一如既往地保持原有的良好品

行，否则，他就会利用手中的权力来命令他人分担本属于他的职责。员工无德，团队内部成员就容易发生矛盾；员工德才兼备，内部关系就会和谐很多。

2. 不拘一格选人才

管理者选人，既不能拘泥于前人所定的规则，也不能被世俗的风气束缚，同时还应接受新思想，必要时打破原有的思维方式，从全新的角度来选择被授权者，不能局限在资历和声望等现实的条框中。人才的选择方法有很多，按照一种模式，只能作茧自缚。虽然要考虑员工的资历、声望和学历，但不能绝对，只将它们作为参照。

3. 用人要疑，疑人要用

在授权过程中，一概不相信别人，事事亲自决策；过于相信下属，授权后不再监督……这些做法，不是管理者自己累死，就是被下属害死。要想解决这个问题，就要改变"疑人不用，用人不疑"的观念。授权不等于授全，无论给下属多大的空间，都要将监控权掌握在手中。

4. 重专业技能

研究解决一个很棘手的问题时，必须配备一个专家或在本行业取得成就的工程师，才有利于问题的解决。专家或工程师能够解决技术上的问题，而工作小组人员善于解决生产上的问题，许多重大错误都源于决策者只有权力而无技术。

5. 职能相称

让下属的才能和职位相称，是用人之道的重要方面。员工只有得到与其能力相适应的职位，才能纵横捭阖，大显身手，充分施展其才智，提高执行效果，实现自身价值。

第八章
绩效考核：用绩效鞭策员工执行

设定指标：设定有效的绩效考核指标

公司的战略目标具有长期性、指导性、概括性等特点，而绩效指标是对公司战略目标的进一步细化，各岗位的关键绩效指标内容比较丰富，具有很强的针对性与可衡量性，主要用来考核当年的工作绩效。从执行角度来看，关键绩效指标是对真正驱动公司战略目标实现因素的发掘，是公司战略对员工工作绩效要求的具体体现。

管理者没真正找到业务中的关键参数，设置可量化的指标时就容易出现偏差，继而影响到最终的考核结果。比如，索尼对员工创新的关键绩效考核就比较糟糕，公司没有对创新过程进行总结，也没有找到创新成功的关键，只是强迫员工创新，导致创新工作陷入困境。

绩效管理，选择正确合理的指标很重要，而在建立绩效指标时要重点关注三类指标：效益类指标、营运类指标和组织类指标。其中，效益类指标包括盈利效率、盈利水平等内容，营运类指标包括部门的成本控制、市场份额等内容，组织类指标包括客户满意度、服务质量与效率等内容。

绩效管理是一把"双刃剑"，运用得好，管理者和员工都会感到满意；运用得不好，管理者或员工就会感到不满意。记住：绩效管理中重要的一个方面，就是绩效考核指标的设定。

1. 绩效考核指标设计的关键

（1）做好流程的沟通。讨论沟通过程是一个平衡与互相制约的过程，由团队共同讨论，只有流程上下游的团队，才能知道最应该考评团队的关键环节，由他们来担当裁判，分别对各团队的 KPI 进行评价与平衡，保证 KPI 的相对公平性。通过开放式、多角度、多思维地对各团队的 KPI 进行探讨，就能够保证公司战略发展目标的顺利实现。

（2）协商一致。标杆团队 KPI 是公司对团队绩效考核的导向，而由主管与负责人参照标杆协商本团队的 KPI，就是一个考评者与被考评者博弈的过程，有利于增强公司对团队工作行为及结果的导向。同时，在沟通协商过程中，还能增进上下级的了解，对团队绩效考核达成共识，为下一步团队绩效管理奠定良好的基础。

（3）基于团队的沟通。就初步提出的 KPI，专家组分别与各团队负责人进行沟通，征求团队意见，并将沟通成果整理汇总。如此，不仅有利于增强团队的责任心，还能提高成员的满意度。在沟通过程中，要与团队确定考评指标的可行性和必要性；对需要考评但信息来源不确定的 KPI，要用其他指标来代替数据的采集。

（4）树立团队标杆。专家组根据团队讨论的结果，选取相对合理、比较完善的团队作为标杆。对于不同的职系，要分别选出一个标杆，例如：职能管理团队，要选取一个提取 KPI 相对好的团队作为标杆；对业务型团队，则要选取相对最优的团队 KPI 作为标杆。

（5）高层审核。高层领导班子成员在公司内讨论确认各团队的 KPI，召集高层班子成员召开会议，对各团队 KPI 进行讨论，审核各团队 KPI 的全面性及平衡性。

之后，从公司整体利益角度出发来确定公司的战略发展目标是否已经全部分解下去，各团队之间的 KPI 是否平衡，考评宽严度是否适当，绩效考核是否遵循了共同的价值导向……满足了这些要求后，高层管理者再经过审核，正式开始实施 KPI 的考评。

2.绩效考核指标设定的原则

（1）定量指标与定性指标相结合。绩效考核指标既需要定量指标，也需要定性指标。定量考核指标代表原则性，定性考核指标则代表灵活性，管理始终是原则性和灵活性两者的协同。

①定性指标，主要目标是修正定量指标中存在的不科学、不合理的地方，比如个别员工投机取巧等。

②定量指标，分数很高但业绩不突出，管理者可以用定性指标拉低员工的绩效考核分数；员工老实本分，业绩很突出，但定量指标分数不高，就可以用定性指标抬高员工的绩效考核分数，达到考核结果与真实绩效两者的平衡。

（2）权重控制为15%~30%。设定绩效考核指标时，要以定量考核指标为主、定性考核指标为辅，因为数字具有更强的说服力，人们更容易相信数字。可是，定性指标也应该占到适当比例，最好控制在15%~30%之间。权重太低，不利于调解考核结果与绩效两者之间的平衡；权重太高，则会让员工认为管理者做绩效考核是自己的异想天开。

（3）无绩效，不考核。管理的重点，不是要让每个人都变成天使，而是要让每个人都做出天使一样的行为，因此，管理者要借助绩效考核来驱动员工做出天使一样的行为。管理者需要做到：凡是工作必有计划、凡是计划必有结果、凡是结果必有责任、凡是责任必有检查、凡是检查必有奖惩；即做到：无绩效，不考核。

（4）考核指标与岗位职责一致。员工做什么，就应该考核什么。如此，不仅能让员工知道自己的努力方向，还能让考核具有真正的意义和价值。如果考核指标与员工的岗位职责无关，一方面员工就会缺少达成绩效指标的工作机会，另一方面容易让员工偏离原本应该聚焦的工作重心。

（5）考核指标和权重与团队目标一致。考核是手段，绩效才是目的，因此，针对员工的绩效考核指标和权重一定要与组织目标保持一致。目前组织的目标是什么，就重点考核有利于实现这些目标的内容，驱动员工形成合力，共同致力于实现团队目标。

（6）考核指标要事前设定。管理者提前就绩效考核指标与员工达成共识，不仅有利于提升员工对考核结果的接受程度，还便于员工在接下来的时间里按绩效考核的要求来开展有针对性的工作，从而实现绩效考核的真正目的。

（7）绩效考核指标不能超过7个。绩效考核指标应该适可而止，绩效考核指标太多，不仅会分散员工的注意力，无法让员工聚焦于自身的关键职能，也会让员工倍感压力从而放弃努力。笔者认为，绩效考核指标不能超过7个。

（8）与员工一起设定指标。绩效考核指标最终要落实在员工身上，因此，绩效考核指标一定要得到员工的认可和接受，如此才能有效地驱动员工工作。因此，最好让员工一起制定考核指标。

（9）符合SMART原则。给员工设定的绩效目标，要符合SMART原则，即绩效考核指标应该是具体的、可衡量的、能达到的、与被考核的岗位职能和发展方向相一致、有明确的考核时段要求。

（10）考核指标确保公平。在设定绩效考核指标时管理者应该公平，既不能偏袒某些人，也不能苛严某些人，否则会引起员工的不信任和反感，最终导致绩效考核不能有效执行。

制订计划：制订完善的绩效考核计划

古人云："天下大事，必做于细。"细节决定成败，所以，想要提高工作的执行力，就不能临时抱佛脚，必须制定合理的规划，清晰每个时期自己的状态，知道短期的目标和方向，然后按照一定的节奏落实每个细节。

只有制定了明确的目标，才能有行动的方向和动力；方向正确，努力才更有意义，执行力才能提高。

制订绩效计划的过程，就是管理者和员工进行充分沟通、确定绩效计划的过程。绩效计划是绩效管理的第一步，只有做到这一步，才能将公司战略和员工的目标有机结合。

1. 计划制订核心：沟通

绩效计划是管理者和员工双向沟通的结果，沟通是整个绩效计划的核心，沟通贯穿在计划制订的整个过程。在这个阶段，管理者与员工必须充分交流，对员工在本次绩效期间的工作目标和计划达成共识。

2. 计划制订依据：层层分解

个人的绩效目标来源于公司业绩目标、部门目标的向下分解，在目标传递的过程中，会形成一条连续的目标链，如图8-1所示。

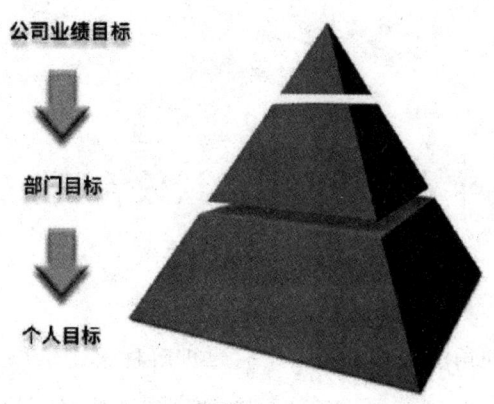

图8-1 目标传递图形

制订绩效计划的最终目的，是实现公司总体发展战略和年度业绩目标，一定要紧紧围绕公司的业绩目标、自上而下地进行考核内容和指标值的分解、设计和选择。

3.计划数量及权重设置原则

（1）数量要适度。制订绩效考核计划，工作事项不能超过10项。在梳理工作内容及目标的过程中，过于面面俱到，反而不利于重点工作的展开。

（2）权重要适度。设定的单个工作事项权重，最好控制在5%~30%，且最好为5的整数倍。如此，才能让权重得到合理分配，清晰地显示出不同指标项的重要程度。

公正公平：有失偏颇的绩效管理会失去人心

从经济学的角度来看，对公平有三种解释：一是指在特定条件下的平均分配，比如：某城市严重缺水，必须定量供应，规定每人每天一桶水，有钱的人和没钱的人都一样，这就是公平；二是指机会均等，大家都站在一条起跑线上，起点一样，差别是最终的结果；三是指收入的合理差距。

公平和效率之间的关系主要体现在：公平是效率的基础，有了公平的分配，才能促使劳动者提高效率。这里所指的公平，是起点公平，大家都从一个起跑线出发，进行比赛与竞争，才能产生更高的效率。企业推行绩效考核，设定目标指标，进行绩效排名，兑现奖惩，印证了公平与效率之间的关系。

华为的绩效管理主要取决于两点：管理者的能力和科学的绩效考核体系。

任正非认为，只要员工有主人翁意识并努力工作，就要给他们配股，将他们变成华为的主人；只有主人，才能在华为享受主人的待遇。华为的绩效管理总结为六个字：公平、公正、公开。为了引导员工踏踏实实地工作，华为设置了考评机制和激励机制。

很多企业直到现在还是喜欢根据职称之类来分辨内部员工身份，发放相应的工资和福利待遇，而华为则是从薪资账户来分析的。2009年，华为受当时世界金融海啸的影响，公司整体环境略差，成长幅度更是减弱，员工底薪虽然没变，但分红严重缩水。而到隔年，华为的净利润创下公司历史新高，员工的分红超过前一年的一倍。在华为，即便是外派非洲的基础工程师，只要能帮华为服务好客户，哪怕只是争取到一张订单，就能获得公司给予的配股额度以及年终奖金等。

在华为，员工最被看重的是实际工作能力和贡献，只要实事求是地工作，就会获得公平公正的绩效成果。华为绩效管理的标准："基层骨干员工是看劳动态度和敬业精神，关键看他能否干好本职工作，能否多打粮食，是否适合在该岗位上继续工作。"

华为自公司起步始终提倡绩效考核的"公平、公正、公开"，进行绩效管理考核，保证员工做出贡献之后都能获得相应的回报。不同于其他公司的是，华为的绩效考核体系和薪酬福利体系是二位一体的，彼此之间联系紧密。

华为企业文化建立的一个前提是要建立一个公平、合理的价值评价体系与分配体系。1995年，华为进行改革，直接把绩效考核作为一个管理过程，将业务工作与考核工作紧密结合起来。

可见，给企业做出贡献的员工，华为都会给予回报。

为什么很多企业推行绩效考核，效果不好，怨声载道呢？原因有很多，而不公平是很多人最主要的抱怨之一。几乎所有企业绩效制度的前几条都要写上"绩效管理要坚持公平公正"，但很少有人会认真思考：我们的绩效管理做得公平吗？

1. 不同部门间的公平

绩效管理要给所有部门设置目标指标，就会涉及公平的问题。职能部门和业务部门都有目标指标，但是，职能部门的目标指标往往弹性很大，而业务部门的目标指标则比较刚性。考核出来的结果，一般都是弹性指标分数较高，刚性强的指标如果将目标值设置得比较高，就会导致分数比较低。拿两者的考核分数做比较，进行绩效排序，起点就有失公平。

2. 干得多与少的公平

众多企业都有一个显著的特点：员工能力越强，承担的工作就会越多。考核制度往往都是按照100分制设定的，从工作结果设置指标，只能导致一个结果——多干多错！工作量不均衡，起点也不公平，员工取得的结果自然就不公平。

3. 配备资源的公平

资源的多少是实现目标的重要基础，正常的应该是资源配置与目标的高低呈正比关系。但是，在企业现实的绩效管理中，一般都是会哭的孩子有奶喝。资源多，实现目标容易；资源少，目标实现难。起点，自然也就不公平。

4. 干难与干易的公平

工作，有难易之分。生产部门比较容易区分工作的难易度，职能部门就很难区分了，一般都是能力强的人干困难的工作，能力稍差的人干容易的工作。工作难，出错概率就高，起点就不公平。

重视价值：绩效管理的平衡点在于价值创造

对公司来说，绩效管理是增强战略执行力的有效方法。该方法将员工发展与公司目标有机结合起来，持续改善个人业绩和团队业绩，提高业绩，保证战略的执行和目标的实现。

绩效管理能提高管理者的管理水平，减轻管理压力，通过自上而下的目标体系，使员工明确自己的工作重点、目标与方向，让员工尽最大努力来做"正确的事"，确保员工的行为、产出与组织的目标一致。

通过绩效目标设定、绩效辅导、绩效反馈等，可以帮助员工改善个人业绩，提升个人能力，帮助员工实现执行效果的提升。

绩效管理，实施绩效考核，为员工的管理决策，如辞退、晋升、转岗、降职等提供了依据，同时也解决了员工的培训、薪酬、职业规划等问题，使之行之有据。

1. 多一些关心和信任

人们常说：伙伴关系从建立信任关系开始。一旦员工知道，企业确实在帮助自己，就会反过来支持企业。因此，要想用绩效鞭策员工提高执行力，就要多给员工一些关心和信任，坦诚地对待他们；同时，帮他们树立责任心，要让他们独立负责。对员工信任和尊重，才能出现后续的关心和坦诚。同时，还要让员工信任管理者。但前提是，管理者要少些对员工的评分，多辅导和帮助他们。

2. 绩效管理的关键

有效的绩效管理，关键点共有 3 个：

（1）建立目标和绩效考核标准。员工目标不清晰，只会干坐着或直接放弃，并不会尽力工作，因为他们不知道自己该做什么。

（2）辅导或执行。管理者要观察员工的绩效表现，给予表扬并指导。

（3）绩效评估。坐下来，跟员工一起回顾过去一段时间的绩效表现。

记住：绩效管理不能作为年终评估的工具，应当贯彻于全年，指导管理者和员工共同工作，帮他们取得好成绩。

3. 共同收获

帮员工取得工作胜利，企业和员工双方都有得益。员工拥有清晰的目标、有意义的工作，以及每日的支持，工作意愿也会受到鼓励。这意味着，员工在工作中所做的事对他们自己有价值，他们认为自己每天都在为世界带来改变，都能获得发展，最终获得强烈的归属感。

当员工认为自己能带来改变时，就会爱上这种归属感。员工想留在一个地方，留得越久，就越想要回报所在的组织，自身也获得发展，保留率和创造性也会得到提高。

工具选择：选对绩效管理工具，做到事半功倍

处在绩效管理的不同阶段，管理者应该根据自身的状况，选择最适合的方法。因为只有选对了方法，速度才能提高一倍。

1. 目标管理方法

目标管理，最早由管理大师彼得·德鲁克（Peter F. Drucker）提出。德鲁克指出，不是工作产生目标，而是目标产生工作岗位。要想提高管理效果，就要对下属进行目标管理。确定了团队目标，各级管理者还要将其进行有效分解，转变成各部门和岗位的子目标；之后，各级管理者再根据具体的完成情况对下级实施评价、考核和奖惩。

目标管理共有以下几个特点：

（1）规定时限。目标管理中的每项目标都有时效性的要求。通常，越靠近组织层面的目标，设置的时间越长；越靠近个人层面的目标，设置的时间越短。目标期限可以设置为：一个月、一季度、半年度、年度、三年度和五年度等。

（2）目标明确。目标要符合 SMART 原则，即 Specific、Measurable、Attainable、Relevant、Time-bound，也就是具体的、可衡量的、可达到的、相关性的、有截止期限的。只有符合这样的标准，制定的目标才是正确的、便于实现的。

（3）各层级参与。采用目标管理方法，下属能够参与到目标的制定过程中，通过上下协商，共同制定组织整体、业务单位、经营单位、部门直

至个人等各层级目标。如此,目标的制定过程不仅是"自上而下"的,也是"自下而上"的。

(4)反馈结果。上级领导和员工一起定期检查、评估目标的完成情况,将结果反馈给员工。领导要持续引导员工评价预先设定好的目标,鼓励员工自我发展,激发员工的工作动力。

2. 关键过程领域

关键过程领域指的是,组织为了达到某个目标或某种结果,需要解决的具体的、关键的过程问题。当某一任务目标短时间内无法实现量化时,就能将完成它必须经历的关键过程分解为具体的行为或动作,形成多个完成行为或动作后的小目标。之后,对这些小目标的完成情况进行评估,实现考核管理的结果。

对于无法将考核标准量化的部门,如行政办公室,可以通过关键过程领域工具实施考核。当然,关键过程领域一共包括6个方面的内容:目标、执行任务、执行能力、最佳实践、衡量与分析和执行验证。

3. 关键结果领域

关键结果领域指的是,为了实现战略目标、使命和愿景,团队必须实现的、不可替代、最关键、最核心、达到团队期望的结果。这些结果,对团队未来的发展起着至关重要的作用。

关键结果领域,可以从以下关键点中进行分析,如表8-1所示。

表8-1 关键结果领域之关键点分析

关键点	说明
时间	比如,项目截止日期、生产截止日期、交货日期等
成本	比如,产品成本、管理成本、销售成本、服务成本等
质量	比如,产品质量要求、顾客满意度、员工满意度等
数量	比如,产量、库存、销售收入、实现利润等

选择关键结果领域的原则:

(1)描述结果,不是描述过程、程序和工具。

（2）描述产出，不是描述投入、付出和努力。

（3）描述目的，不是描述手段、方法和行为。

4. 关键绩效指标

关键绩效指标指的是，对组织内部流程的关键参数进行设置、取样、计算和分析。衡量绩效的目标式量化管理指标，是组织实现战略目标的关键要素，是用来衡量不同部门或岗位人员绩效表现的量化指标。

关键绩效指标来自公司战略目标的分解，是对公司战略目标的进一步细化和发展。如果公司战略中心发生转移，战略目标发生变化，关键绩效指标也会做出相应的调整，重新适应和承接公司的新战略。

采用关键绩效指标做为管理工具，企业就能根据组织战略目标和发展计划来制定部门和岗位的业绩指标，将部门和个人的目标与组织的目标联系起来。关键绩效指标是绩效评价的依据，对KPI的实时监测，能够发现部门或岗位存在的问题，并通过反馈机制，促使部门或个人及时改进，引导组织向期望的方向发展。

5. 目标与关键成果

目标与关键成果法的创始人是英特尔公司前CEO安迪·格鲁夫。1976年，英特尔公司打算从存储器业务转型到处理器业务，为了让全员明确工作重心，格鲁夫提出了高产出管理，开始在公司内推行目标与关键成果法。目标与关键成果法有两个典型特点：①可以让各个岗位明确工作重心，而不是设置大量KPI指标；②对全员公开透明，岗位人员不会因为工作惯性所限而偏离方向。

目标与关键成果与关键绩效指标最大的不同之处在于：

（1）目标与关键成果剥离了员工的直接利益因素，其结果不会被直接用于考核。目标与关键成果系统将组织的工作重心由"考核"回归到"管理"，与关键绩效指标考核完全不同。

（2）团队或个人的目标与关键成果最多设置5个目标，各目标包括

4个关键结果；关键绩效指标是各部门或岗位设置5~8个。

（3）每个人的目标与关键成果在公司都是公开透明的，员工思维能够跟上公司目标和团队目标；关键绩效指标则很少公开。

（4）60%的目标来源于底层员工，因为他们与客户的接触更紧密，对工作的要求更实际。

6.平衡计分卡

平衡计分卡的创始人有3个：一个是美国哈佛商学院的教授罗伯特·卡普兰，一个是诺朗诺顿研究所所长，最后一个是美国复兴全球战略集团创始人兼总裁戴维·诺顿。

平衡计分卡的核心思想是通过财务、客户、内部经营过程、学习与成长等四方面的指标之间的因果关系，展现组织的战略轨迹，实现从"绩效考核"到"绩效改进"、从"战略实施"到"战略修正"的目标。在平衡计分卡中，每项指标都是一系列因果关系中的一环，能够将组织目标和部门目标联系在一起。

利用平衡计分卡，员工就会主动参与到工作中；它是通过指导和鼓励的方式来激励员工，而不是"胡萝卜加大棒"。使用平衡计分卡，不仅能完成对关键过程的有效控制和资源的优化配置，还有利于处理好组织内外的各种关系，保证团队系统变革的均衡性。通常情况下，平衡计分卡的衡量指标分为三大类：

（1）结果类指标和驱动类指标

①结果类指标是用以说明绩效结果的指标，属于"滞后指标"，会告诉我们：发生过什么、结果是什么。

②驱动类指标是"提前指标"，反映的是：在实施战略时，关键领域的某些进展将如何影响绩效结果。

（2）内部指标和外部指标

①内部指标是根据组织内部经营管理而制定的指标，比如，生产效

率、产品合格率、员工满意度等。

②外部指标是根据组织外部的利益相关者及社会而制定的指标，比如，顾客满意度、组织的社会声誉、产品的市场形象等。

内部指标相对可控，要想提升组织的核心竞争力，就可以在稳定内部指标的基础上，努力提升外部指标。

（3）财务指标和非财务指标

①财务指标指的是可以用财务形式计算出来的指标，比如，收入、成本、费用等。

②非财务指标指的是无法用财务数据计算的指标，比如，方案类指标。

对于不同的企业和发展的不同阶段，平衡计分卡可以发挥不同的功能。比如，实现传统组织与新战略的衔接；作为实施组织战略的工具；作为企业的核心管理系统，完成重要的管理过程；作为建设企业目标体系、控制业绩等的手段。

7. 360度评估

360度评估最早由英特尔公司提出并实施，主要是对直接上级、直接下级、关联方、顾客及员工的绩效进行评估。被评估者不仅可以获得各方的反馈，还能从不同角度的反馈中清晰地认识到自己的优势与不足。

在360度评估中，不同关系间设置的权重比例一般为：服务对象＞直接上级＞供应商＞同事＞直接下级，比如，分别设置为30%、25%、20%、15%、10%。

360度评估的优点是更加强调对内、外部客户的服务，能够提升组织的运行效率，能够对员工的能力素质进行全面考核，增强员工的参与感，提高考核的全面性和公正性。缺点是：考核的成本较高，如果管理不善，容易流于形式。

第九章
员工激励：执行力离不开激励的作用

尊重员工：要想提高执行力，请从尊重员工开始

尊重是做人之根本，提高执行力同样如此。如果上下级之间缺乏起码的尊重，上司不爱护下属，下属不尊重上司，如何协作？如何提高执行效果？

在平时工作中，经常会看到一些管理者不尊重下属的情景，比如，员工发表意见，管理者无故离场等。即使员工演讲水平很差，内容没有新意，依然付出了辛苦，就应该获得管理者的尊重。管理者很少会想到自己的离去是否会对下属产生不良影响。

尊重是相互的，要想得到下属的尊重，管理者先要尊重下属，这是提高执行力的立足之本，也是公司、企业的发展之道。管理者在团队中要努力打造"尊重"的企业文化，否则就不会有。在工作中，要认真落实，从点滴做起，在上下级之间建立一种相互尊重的感情。

某饭店的客房部李经理刚上任，在工作中发现了一个怪现象：领班都不喜欢新人晓琳。经过了解才发现，晓琳比较懒，工作不积极。可是，李经理没有轻信大家的话，没有轻易在心中对晓琳定位。之后，他让一个领班暂时带晓琳，开始留意晓琳平时的工作状态。

一周后，饭店接待了一个重要的会议团队。客人入住的第二天上午，李经理收到前台传递来的一封表扬信。被表扬的人不是别人，正是晓琳！事情原来是这样的：

会议团队在当天晚上11点入住饭店，一位客人拿着外套找到正在值

班的晓琳，想让她帮忙将衣服送到洗衣房清洗，因为这件衣服要在第二天会议时穿。当时，洗衣房的工作人员已经下班，外面的洗衣店也已经关门，但晓琳还是答应下来。

晓琳回到洗衣房，把衣服洗干净并烘干，第二天一早就交给了客人。客人非常感动，写了这封表扬信。李经理在晨会上对晓琳的做法给予了肯定与鼓励。从那以后，晓琳成了整个酒店责任心最强、最勤劳、最努力的员工，并在以后的工作中多次受到表扬与奖励。

晓琳的所作所为最终赢得了客人和同事的尊重，也激发了她工作的热情和责任心。

任何人都希望得到别人的尊重，都不想被别人看不起。对于管理者来说，要想激励员工工作，要想让员工提高执行力，也要给员工足够的尊重，不要忽视尊重所起的激励作用。

在管理过程中，有些管理者总会发出这样的抱怨：员工越来越难应付，没钱他们没干劲，有钱也未必能提高他们的工作效率……很少有管理者会思考：我们对员工的态度怎样？是否关心他们了？在现代企业管理中，金钱激励发挥的作用已经非常有限，还需要尊重激励。

管理者究竟怎样做，才是真正尊重员工呢？应该创造条件，营造氛围，铺设台阶，让下属觉得自己很重要，有存在感。下属能够从上司那里感受到尊重，尝试到成功的喜悦，感到光荣与自豪，自然就能感受到上级的关心和支持，从而找到适合自己的坐标，提高工作执行力。

1. 认真倾听下属的意见

管理者要放低姿态，耐心倾听下属的意见和建议，让他们知道你尊重他们的想法。

在听取员工的建议时，要全神贯注，要让员工觉得自己是被领导尊重和重视的。

即使觉得建议没什么价值，也不要态度生硬地拒绝。如果确实要拒绝员工，就要用委婉的语言将理由说清楚，并对员工表示感谢。

2. 给下属展露风采的机会

在工作中，管理者要寻找机会使下属走到前台，要抓住一切介绍下属的机会。下属一直都在默默无闻地工作，不图名声，一旦获得意外的肯定，特别是管理者的公开肯定，就会顿感无上荣耀。因此，管理者要抓住一切机会将下属介绍给他人，充分肯定他们做出的成绩，使下属报答你的知遇之恩。

3. 不拿员工开玩笑

员工都有被尊重的需要，管理者尊重员工人格，就会产生比物质激励好得多的效果。千万不要诋毁员工，也不要开一些有关员工人格的玩笑，因为尊严是一个人最重要、最有价值的财产。嘲弄员工，轻者使当事人倍感冷落，极大地影响他们的工作热情，重者会树敌无数，成为员工最不喜欢的人。

4. 对下属说话要礼貌

下属都希望得到管理者的尊重，当管理者将一项工作交给他们时，语气中少了发号施令的味道，下属就会感受到上司对自己的尊重。如果下属出色地完成了工作，管理者要说一声"谢谢"，让下属感受到尊重。

5. 不轻视员工的能力

在处理业务时，员工出现了问题，却不知道该如何解决，管理者不要嘲笑或轻视员工的能力，要"一起研究""一起想办法"，使员工感到自己对团队很重要，产生强烈的成就感。

6. 平等地对待员工

企业中，管理者要一视同仁地对待员工，不能被自己的个人感情左右；不要当着员工甲说员工乙的坏话，分配任务和利益时不要出现远近亲疏。

7. 让下属知道你赏识他

作为管理者，要让下属知道你赏识他们；要在恰当的时间和场合，以恰当的口吻赞赏他们，使他们"百尺竿头，更进一步"。

8.对下属赋予更多的权力

赋予下属权力，同时赋予责任，他们就会觉得自己更重要。一味强调责任而没有赋予权力，会摧残下属的自尊。

信任员工：给员工多一些信任比什么都重要

信任是员工提高执行力的基本条件，也是提高员工忠诚度的基础。这种信任不仅体现在对老员工上，更表现在对新员工上，甚至是对于试用期间的员工，也要给予基本的信任。因此，为了激励员工，就要给他们足够的信任。

1963年，著名的西方心理学专家奥格登做过一项实验，对被测试者对光线强度变化的辨识能力进行了测试，发现了人的警觉性。测试者被分为4个小组：

第一组：控制组。工作人员只告诉被测试者具体的操作方法和实验要求，没有任何言语和物质上的激励。

第二组：挑选组。工作人员告诉被测试者，他们是经过工作人员千挑万选后留下来的，辨识能力很强，判断不会出错。

第三组：竞赛组。工作人员告诉他们，实验结束后，会给四个小组评出名次，判断优劣。

第四组：奖惩组。被测试者被告知：反应无误后能获得一笔奖金，判断错误也会罚款。

看到这里，你认为：哪组得分最高？哪组警觉性最高？实验结果显示：第二组最终胜出！因为该组被赋予了充分的信任，在测试之前，工作人员便告诉他们，他们是最优秀的、是被信任的。可见，管理者只有充分信任员工，放手让他们工作，才能使员工产生强烈的责任感和自信心，从而焕发出积极性、主动性和创造性。所以,一旦决定让下属担任某方面的工作,就要给他们充分的信任。

在公司里,如果员工得不到管理者的信任,必会情绪欠佳,精神沉郁,满腹牢骚,上下级关系紧张,执行力也会受到影响。

在阿里巴巴,很多客服、销售都是女性。2006—2007年,很多女员工要结婚,要生孩子。当时,在阿里巴巴的园区总能看到很多挺着大肚子的女员工,一年能生700~800个孩子。

女员工从事的都是电脑工作,阿里巴巴便给每个孕妇配发了两件防辐射的孕妇装,牌子是最好的,一件300多元,两件共600多元,共计48万元。行政部规定了孕妇装的领用办法:当事人申请,主管批准。为了保证女员工是真怀孕,女员工需要递交一份怀孕证明。结果,复盘时发现这项规定很愚蠢:孕妇装的款式不好看,女性都爱美,没事谁都不会套孕妇装。

阿里巴巴觉得这样做是对员工的不信任,于是就取消了这个规定。可是,行政部表示反对:"如果有人为他人代领呢?"为了解决这个问题,阿里就直接告诉员工:为了保护大家和未来下一代的身体健康,公司给大家准备了孕妇装,当然是给在职员工的。如果试穿后觉得不错,想送亲戚朋友一件,可以到小卖部去买;如果为阿里的付出远超这个价钱,也可以多领。"

组织效率中最重要的两个字,就是"信任"。

信任就像双人舞,舞池中,要想将一支双人舞跳完美,必须一人领舞,一人跟随。领舞和跟随的角色不明确,两人就只能各跳各的,严重者还会绊倒,伤到自己。

1. 将重要工作安排给核心员工

核心员工,不仅具有更强的自主性,不希望被遥控指挥,更强调在实际工作中的自我引导;同时,他们还具有获得良好业绩的成就感,一旦被委以重任,就能充满工作热情,并发挥出更大的主动性。

知识经济时代，核心员工在专业上的素质往往比管理者更高，自然也比管理者更知道如何更高效地开展工作。管理者信任核心员工，并给他们提供一个施展才华的舞台与机会，他们的主动性必然会更强，执行力也会更高。

2. 为员工打造发挥的空间

员工一般都希望得到管理者的信任，渴望得到施展机会。如果管理者不信任员工，不对他们放权，并把错误全都推给员工，就会形成一个怪圈：一方面，管理者不信任员工，遇到棘手问题时只能亲自处理，让自己变得独断专行；另一方面，员工没有主见，容易养成依赖、从众、封闭的习惯，处理问题时会束手束脚，优秀员工看不到希望，就会主动离开，即使不离开也会变得碌碌无为。

3. 正确评价，信任激励

管理者高度信任员工，不仅能形成一种有效的激励，还能塑造员工的品格、能力并提高执行效果。这种激励效果，往往是物质激励不能达到的。

不过，信任只是一种预期，即使没有达到预期，产生的结果也远超想象。管理者要对信任激励做出正确评价：信任激励本身没有问题，之所以会产生严重后果，是由于管理者缺少对员工的指引、提醒和督促。因此，管理者要在了解员工的基础上实施信任激励。

赞美员工：发挥赞美的魅力，给员工执行的动力

提高执行力最好的方法就是给予赞美，因此，为了提高员工的执行力，管理者可以运用赞美。

在一次军官的培训课中，培训师给学员们教授了赞美的作用。可是，上校乔治对这种技巧不以为意。

训练课程结束后没多久，乔治做了一份出色的简报。上司看完后，连连称赞。为了对乔治进行表扬，将军就命人找来一张黄色的图画纸，将其折成一张精美的卡片，在上面写上"太棒了！"三个字。

将军召见了乔治，说："你做的简报非常出色！"同时，将写有赞美之言的卡片递给他。

乔治接过卡片，拿在手里读了一遍，读完的一刹那，他站在原地愣了几秒钟，接下来连头都没有抬，就迅速走出了将军的办公室。将军感到有些不明白，他想："难道我做错了什么吗？"

为了一探究竟，将军跟在乔治后面，悄悄出来。结果看到乔治居然正在各办公室转悠，向同事炫耀那张卡片。

乔治终于从将军身上学会了赞美激励，他甚至还专门找了一家设计印刷厂，制作了一批用来赞美其他人的专用卡片，一旦下属有人取得进步，乔治就会当面赞美他们，并发给他们一张精美的赞美卡片。

与其他激励方式相比，赞美激励几乎是零成本的，只要通过管理者的语言或举止，就能让员工建立自信，提高行动力；只需做出一个简单的赞

美，或一个赞许的目光，或一句真诚的鼓励，就能激发员工自动地强化自身的优势，并自觉地去工作，从而在规定的时间里完成工作。

因此，要引导员工提高执行力，就要合理地利用赞美这一武器。

1. 给员工的赞美要公平

给员工赞美的时候，一定要公平，具体表现为：

（1）员工有缺点，要客观地称赞。很多人认为，受到上司称赞的人一般都没有缺点。其实，被称赞的人，不一定都只有优点；而有缺点的人更希望得到赞扬，称赞能对他们发挥更大作用。因此，对于有缺点的员工，也要进行称赞，促使他们弥补不足、改正错误，继而提升执行力。

（2）员工比自己强，要公正地称赞。所谓"天外有天，人外有人"，员工在某些方面超过了管理者，管理者应以博大的胸襟对待他们，并大方地公正地称赞他们。管理者说出的"你真行，难怪老板这么看重你！""你的干劲实在值得我们每一个人好好学习！"……会让员工感到心里无比塌实，工作更有劲头。

（3）对于喜欢的员工，给予公正的称赞。有些管理者与某个员工关系比较好，为了不让别人看出两人之间的密切关系，即使该员工做出了成绩，也不敢予以表扬。其实，这样做，很容易影响该员工工作的行动力，如果他工作做得不错，完全可以直接赞美他，可能他的工作会更有劲头。

（4）不要把集体的功劳占为己有。团队取得的工作成绩是员工和管理者集体智慧的结晶，是齐心协力的结果，评功论赏时要表扬集体，管理者不能将成绩都归于自己的努力。管理者一旦有失公正，就会寒了员工的心，员工的执行力必然会下降。

2. 对员工的赞美要及时

赞美是一种对自我行为的反馈，只有及时反馈，才能更好地发挥作用。员工做了一件特别的事，或将一件普通的事做得十分出色，或取得了不凡的成就，就要立刻给予他（她）应得的赞美。

美国福克斯公司刚成立时，需要立刻进行一项重要的技术改造。一天深夜，一位科学家走进了总裁办公室。

科学家拿出一台原型机，说："用这台原型机，就能解决咱们的问题。"总裁感到很惊讶，又觉得这个主意不错，想给这位科学家一定的奖励。他弯下腰拉开了所有抽屉，才找到一个东西——香蕉，然后躬身对科学家说："这个奖给你！"

这件事情后，福克斯便将这种奖励的方式推广到了各部门，只不过香蕉逐渐演化成了小小的"金香蕉"形别针。

3.当众赞美员工要得体

管理者在众人面前称赞员工，员工不一定会心存感激，以后反而不那么积极工作了。面对管理者的公开表扬，他们只会说声"谢谢"就转身离开，与其说是害羞，倒不如说是不愿意看到同事妒忌的目光。所以，管理者在当众赞美员工时，要根据每个员工的实际情况，用不同的方式进行赞美。

融入情感：用情感激励，用真心换取忠心

曾经读过这样一个小故事：

一次，楚庄王宴请群臣，直到黄昏，大家还没有尽兴，都不想离开。楚庄王命人点烛夜宴，让最宠爱的两位美人来向大臣敬酒。

一阵疾风袭来，筵席上的蜡烛全都熄灭了。有人趁机拉住一个美人的手，美人不肯，一阵撕扯。美人扯断了那个人的帽带，然后回到楚庄王的身边，说："灯火熄灭时，有人趁机想要调戏我，我将他的帽带扯断了。大王快叫人把蜡烛点上，看谁的帽带被扯断了。"

楚庄王听了，说："我请群臣喝酒，有人喝醉了就会失礼，人家不是有意的，绝不能羞辱他！"然后，命令左右侍从不要点燃蜡烛，并大声说："寡人今天设宴，你们不喝到帽带断了，就不算尽兴！"于是，大臣纷纷拉断了自己的帽带，然后楚庄王才命人把蜡烛点上。这天晚上，大家喝得都非常尽兴。

后来晋国与楚国交战，一位大将身先士卒，奋勇作战，带领楚军击退了敌人，最终获得大胜。楚庄王觉得很讶异，问他："我知道自己没有太高的德行，平时也没有特别优待你，为何如此为我卖命？"

大将说："有一次大王宴请群臣，我喝醉酒而失去了礼节，本该被处死，大王却饶了我。我无以为报，只有拼死力战，才能回报大王！"

这个故事告诉我们，管理者能像楚庄王一样激励下属，不但不会有损形象，还会提高自己的威信，加深管理者与员工之间的理解和沟通。

情感是影响人们行为最直接的因素之一。员工都有渴求各种情绪的需求，管理者要多关心员工的生活，动真情办实事，不仅要满足员工的物质需要，还要关心员工的精神生活和心理健康。

一个年轻人激情满满，想要创业，可是在他花完了自己的积蓄后，不得不心情沉重地把大家召集在一起，请求全部离开。结果，出乎意料的是，大家都不愿意离开。

他问大家，为什么？一个客服说："虽然你平时总是恨不得将一分钱掰成两半花，但是知道我父亲病情恶化后，毫不犹豫地让人事给我买好了机票，还让司机直接送我到机场，使我在父亲临终前见上一面。"

员工也需要获得管理者的理解、尊重、关心、欣赏和帮助，管理者只有发自肺腑地对待员工，将心比心，以心换心，才能触动员工的心灵，才能心连心。

心是情感管理的灵魂，心到，钱到，才能感动员工的心；反之，只给员工支付工资，钱再多，也是冷冰冰的。

情感管理是企业文化的一个重要组成部分，通过与员工的情感联系和思想沟通，满足员工的心理需求，就能形成和谐融洽的工作氛围，激发员工的潜力，调动员工的主观能动性，消除员工的低沉情绪。

这种情感的力量就像是一只看不见的手，可以深入员工的内心，有效地规范和引导员工的行为。

1. 关心员工生活，改善员工的生活环境

管理者要少些居高临下的说教，真正把员工放在平等的地位，从感情上、心理上跟员工交朋友，把员工的困难当作自己的困难，在员工生病时打个电话表示问候或登门看望，员工就能切实感受到被关心的温暖。

要想提高员工的执行力，就要高度重视员工，让员工真正感受到关心和尊重，帮助员工解决生活问题，设身处地地为员工着想，就能激发员工的潜能，员工也会用具体行动和优异的成绩回报企业。

2. 激发员工活力，让员工参与企业决策

企业的发展依靠全体员工的智慧和力量，管理者要尊重员工参与企业决策的愿望，运用集体决策的形式，汇集员工的聪明才智。员工的专业和职能不同，看问题的角度就会不同，大家互相补充，就能使一项决策更加科学合理。

为了提高员工的执行力，管理者要想方设法调动员工参与集体决策的积极性；即使员工提出了不同的意见，也要给予宽容和鼓励，鼓励他们的参与热情。

3. 转变员工心态，营造积极向上的氛围

管理者要通过情感管理、民主管理、自主管理、文化管理等方式优化员工的心理状态，让员工充分发挥聪明才智和潜能。一旦员工表现出较强的归属感和认同感，企业就会变成一个温馨和睦的家庭，形成和谐向上的工作氛围，员工工作也会更加主动，继而形成团队合力。

4. 提高凝聚力，使员工积极投入工作

优秀的团队管理者都能将员工的智慧和力量集中调动起来。在情感管理中，情感交流给员工提供了共同的表达方式和心理体验，能够让员工成为企业责任感和荣誉感的承担者。

管理者对员工的情感管理到位，员工就会对企业高度负责，企业的凝聚力也会增强。这种情感纽带能将员工的价值观和企业的价值观紧密结合起来，促使大家共同为一个目标而努力。

5. 了解员工需求，满足员工需要

要想在管理中融入感情，首要就要了解员工内在的需求，即员工想什么？需要什么？为什么？为了调动员工积极性，发挥员工主动性，挖掘员工潜力，激发员工活力，管理者要尽力满足员工合理的需求。

晋升诱惑：用晋升提高员工执行的积极性

员工都渴望自己升职加薪，而升职的愿望可能比加薪还要强一些，因为升职不但可以提高自己的地位，更是企业对自己能力的一种认可和肯定。为了提高员工的执行力，管理者要以晋升为激励手段，否则员工的主动性就会受挫。建立合理的晋升制度，用晋升的方法激励员工，往往能取得理想的效果。

一直以来，海底捞坚持的价值观都是"双手改变命运"。为了实施这个理念，海底捞给员工打造了充分的造梦空间，给了员工足够的动力。为了提升员工的执行力和动力，所有店长都是从初级员工一步步培养起来的，都不是空降的。考核和晋升的路径如下：

（1）先从初级服务员到高级服务员平均需6个月，未达要求会被淘汰。

（2）高级服务员与初级服务员的工资水平被拉开，工资水平约为初级的三倍，初级员工月薪大约3000元，高级员工6000~15000元，上不封顶。从高级员工到店长又会拉开三倍左右的差距，店长月薪35000元起步，还有相应的激励。

（3）高级员工可以考不同的证书，比如美甲师证、捞面师证。所有岗位，都要执证上岗；人员不固定，流动性强；即使是普通员工，也能兼做捞面或美甲；为了激励员工，采用计件制，上不封顶，多劳多得。

（4）海底捞采用"师徒制"，服务员间也有师徒关系，只有成为高级员工才有上升的机会，可升为值班经理、大堂经理、后厨管理、预备店长。预备店长的考核标准更综合，包括管理考核、技能考核、财务、员工关怀等。

在海底捞，员工之所以能够充满激情地努力工作，是因为他们知道自己的这份努力不会白费。当员工知道自己拥有晋升的机会时，就会以更高的职位为目标，更加努力工作。

晋升渴望源于人的本能，即使报酬条件不变，晋升也能带来很强的激励效果，更何况现实中，晋升通常意味着高回报。

有一次，公司组织管理者去另一个公司学习考察，李经理也一起去了。李经理正在为新员工工作积极性不高的问题发愁，有些心不在焉。

到了那家公司，李经理意外地发现，这家公司的新员工工作时特别积极。他连忙找来一个员工请教："请问你为什么工作这么积极啊？"员工回答说："当然要积极了，不积极怎么能晋升啊！"

李经理听了，眼里顿时有了光彩，自言自语道："对啊，我怎么就没想到这件事呢！"

回到公司以后，经理立即制定了新员工的晋升方案，完善了公司的晋升体系，新员工只要一入职，就能看到一个完整的晋升通道。新员工的积极性被激发出来，大家拼命工作，几乎再也没有出现过新员工辞职的情况。

为了提高员工行动力，管理者不能对新员工的晋升不闻不问，一定要给新员工一个晋升通道，让新员工看到希望。不给员工留下晋升通道，员工在工作时就没有激情，离职率很高。只要完善晋升体系、让员工看到晋升希望，情况就能立刻好转。因此，管理者应该充分重视晋升对员工的激励作用。

1. 规范员工晋升途径

实行晋升激励，首先要规范员工晋升的途径，为员工指明晋升的方向。即晋升不单单指的是每一个人的晋升，也是指每个岗位未来的晋升空间和发展方向。比如，如果目前员工的职位是文员，那么晋升方向就是高级文员；如果员工目前是工程师，那么晋升方向就是主任工程师。

管理者只要规范员工晋升的途径，把公司所有岗位分为几个岗位群，就能将每个岗位融入自己所在的岗位群，使得员工一步步地晋升。

2. 建立员工晋升阶梯

员工晋升的阶梯，指的是管理者为员工指明晋升路径上的岗位及分布状况。比如，文员类员工属于行政事务类，营销人员属于销售类，工程师属于技术类等。

以销售类为例。普通销售人员晋升的岗位，可以分为销售主管、销售经理和销售总经理，这样就为销售人员建立了晋升的阶梯，员工就能通过自己的不断努力，一级一级地得到晋升。

规范员工岗位的类别途径，为他们建立晋升阶梯，就可以为他们打通职业生涯的通道。这样，员工就可以目标明确地通过自己的努力，不断地取得晋升。

3. 员工晋升的标准

对晋升途径进行规范，并建立相应的晋升阶梯，并不意味着员工只要凭借自己的工作年限就能随意晋升职位。晋升职位并不是大家轮流坐的，要具有一定标准。通常应具备下列标准：

（1）具备晋升岗位任职的资格要求，包括学历、专业、年限、同等职务年限等相关资格。

（2）具备晋升岗位所必备的能力。

（3）员工晋升岗位后，在规定的时间内，达到一定的绩效标准。

对员工实施晋升激励，管理者必须严格按照相关标准进行，而且晋升应该双向流动，也就是说，不但要进行正向流动，还应进行负向流动。

第十章
制度保障：用制度来保证执行力的实施

制定制度：制定合理的管理制度

管理学家曾做过这样一种假设：

A、B两个公司的老板同坐一班飞机，途中遇到强气流，飞机失事，两位老板都不幸遇难。事情发生后，A公司群龙无首，员工一片混乱；B公司却秩序井然，员工都在自己的岗位上按部就班地工作，没有受到多大影响。

管理学家推断说，造成这种差异的原因是：A公司是"老板在制度就在，老板不在制度也不在"；B公司则是"老板在制度在，老板不在制度也在"。也就是说，B公司是在执行制度，A公司是在执行人的意志。

《左传》中，记载了这样一个故事：

在距离鲁国京城南门数里路的地方，有一大片芦苇荡，周围是一大片草地和树林，里面生长着很多野生动物和植物。一到初冬，一些鲁国人就会在这一带打猎。

一次，为了将野生动物从树林里驱赶出来，有人竟然点了一把火，火势蔓延。借助风力，火蛇越拉越长，不断地向南扩展，一旦烧到京城，后果将不可预料。

鲁哀公听到这个消息后，立刻从床上爬起来，急忙率人前去救火。赶到火场的时候他们发现，居然没人救火，大家都忙着追逐从火海中奔逃出来的野生动物。

鲁哀公看到这个情形，万分焦急，却又不知道该怎样应付这乱哄哄的场面，只好派人去召请孔子。

孔子接到命令立刻赶来，一见到鲁哀公，便将他在路上想好的办法告诉了鲁哀公。他说："主公，大火之所以没有人去救，主要是因为救火很辛苦、很危险，却没有奖赏；而人们之所以愿意追逐野生动物，主要在于能得到实惠，而不会受罚。"

鲁哀公忙追问道："那么，你有什么好主意？"

孔子说："事情紧急，最好的办法是用'罚'，只要不救火，就重罚！"

鲁哀公听了，便让孔子代为颁布命令，说："不去参与救火的人，就是战场上的逃兵；追逐野生动物的人，等于闯入了禁地。犯有这两种罪，格杀勿论！"

这项命令一下，众人便争先去救火，切断了继续向南蔓延的火路。不久，大火就被扑灭了。

那人们为什么会这么积极地救火呢？并不是他们觉悟高，而是因为不救火就会被杀头，让他们感到了恐惧。可见，制度不仅是落实各项工作的重要保障，还是达到落实目标的最经济的方式，更是引导人们提高执行力的关键。

在制定规章制度时，至少要做到以下三点：

1. 内容合法而合理

（1）合法。规章制度的内容，应符合国家法律、行政法规及政策规定。其中，关于劳动基准、劳动保护、劳动条件、劳动报酬及福利待遇的规定，不能低于法定最低标准。在工作中最常见的是，企业规定：入职不满三个月的不能辞职。这类规定与法律相冲突，即使制定了，也不合法。员工辞职，试用期提前三天通知，正式用工期提前三十天通知。

（2）合理。制定的规章制度要合理，例如，公司的《员工手册》规定，上班玩手机超过5分钟，就能辞退。辞退员工是一件严肃的事情，辞退员工的前提条件是：员工严重违反企业的规章制度。员工玩手机超过5分钟就辞退，这不合理。

2. 内容要协商

企业在制定、修改或决定员工报酬、工作时间、休息休假、劳动安全卫生、保险福利、职工培训、劳动纪律等时，要跟员工讨论和协商，让员工提出方案和意见。

在实施规章制度的过程中，如果员工认为某些条款不适当，要鼓励他们大胆提出来，通过协商进行修改完善。

3. 向员工公示

制定好规章制度后，要进行公示，或告诉员工。公示的方法有很多，关键是保留公示证据。例如，员工入职时，让员工仔细阅读规章制度，然后让他们在相同版本的规章制度页面签字，并保留好；组织学习规章制度的内容，保存好学习的签到表、时间、记录、考核规章制度的试卷。

流程优化：优化流程提高执行力

现代企业管理中，从某种程度上就是对各项流程的管理。企业的经营活动，含有功能不同的流程，如产品生产流程、产品开发流程、客户维护管理流程、物流采购流程、订单管理流程等。各项流程都像高速运转机器中的一个部门，承担着各自的职能，只有让各项流程都高速运转起来，才能保证整个经营管理的正常进行。

在市场经济条件下，风险是客观存在的，不可能绝对消除。风险和收益并存，没有风险，也不可能有收益。企业作为市场的主体，要参与市场竞争，必然要面对风险，如何防范风险尤为重要。

随着内外部环境的变化，管理方法和手段也要不断地优化和调整。如此，就对流程优化提出了更多的要求。为了让流程发挥出最佳效能，就要对各项流程进行优化和调整。

笔者认为，在设计和优化企业流程的时候，要根据企业发展实际，对各项流程的内容及效用作出判断，找到科学合理的部分，去掉低效和无效的部分，提高流程的科学性和合理性。

1. 流程管理中常见的问题

（1）流程的认识度不够。很多员工都对本部门的流程运行情况不了解、不清楚，更谈不上深入理解。不认识流程，自然就无法提高流程执行效果。

（2）流程的主体不明确。员工虽然知道流程的运作情况，却对流程的主体认识不够，就无法确定流程内容和要求，责任划分不清楚。

（3）责任不够明确。忽视了主体责任划分，在流程运行过程中一旦出现问题，部门之间就会出现相互推诿、扯皮等现象，很多问题只能不了了之。问题不断积累，企业运行就会低效率，对生产产生负面影响。

2.优化管理流程的具体方法

有效整合各种管理体系，进一步体现管理优势，是企业面临的现实问题。要想优化管理流程，改进企业流程中不规范、不顺畅的部分，全面提高流程运行效率，就要从多个方面着手，如表10-1所示。

表10-1 优化管理流程的具体方法

方法	说明
以人为本	企业管理的对象是人，管理的核心也是人，流程再造最终也要通过人来实现。在优化流程的过程中，要以人为本，从人的需要出发，最大限度地发挥各部门、各岗位的人员协作关系，使流程变得更加简单和高效
统筹兼顾	企业是由多部门组成的群体，自身的价值创造体系需要不同部门协作来实现，这种部门与部门、员工与员工之间的协作关系就构成了最基本的企业流程。在企业管理流程优化中，只有统筹兼顾，才能使企业内部的协作关系更加显性，使流程之间的衔接更加顺畅，才能解决各项流程的冲突问题
突出主体	企业要以建立基本流程体系为骨干，将其他管理体系的各项要求进行分解，融合到流程体系中去。例如，内部管理体系建设包括监督、信息和沟通、控制活动、风险评估和控制环境等，而这一系列体系建立都可以在基本流程体系框架内完成
信息应用	信息技术和网络技术的高速发展，对流程管理产生极为深远的影响。信息技术的应用改变了原有的信息采集、描述、组织、存储、检索、分析和使用方式，使信息的质量、获取途径和传递手段等都发生了根本变化。只有重视信息化建设提高，才能改善人们的工作环境，提高工作效率，扩大人们思考问题的范围和提高控制问题的能力

合理惩罚：违反制度，及时惩罚

要想调动员工的积极性，就要对作出贡献的员工进行奖励，对碌碌无为的员工作出惩罚。搞错了奖励对象，不仅给脚踏实地的员工带来伤害，还会助长其他员工的投机邪气。

李平的绩效排名始终处在第一位，他认为公司的某项具体工作流程需要改进。为此，他向部门经理多次提出，但均未得到重视，王经理甚至还觉得他多管闲事。

于是，李平违反了公司的工作流程。王经理发现后，严厉地批评了他。但李平很不服，认为自己是对的，王经理存有私心，两人吵了起来。

王经理非常生气，准备扣除李平三个月的奖金；如果再犯，就将其开除。李平不满意，去找总经理理论。

很早之前，总经理就听说过李平，因此并没有立刻批评他，而是先跟他交换了一些建议和看法。总经理发现，李平的思路非常清晰，而他违反的那项工作流程确实应该改进。

通过交流，李平的情绪逐渐平息。总经理趁热打铁，说服他接受了"罚金减半，公开做自我检讨"的处罚。同时，总经理还以最快的速度改进了那项工作流程。

这件事情过后，李平很快就改变了身上的傲气，工作热情大增，积极配合王经理的工作，同事都说他像变了一个人似的。

员工违反了公司规定，就要进行处罚。可是，如何惩罚员工才能激励员工呢？管理者不仅要懂得一定的管理方法，还要了解与人沟通的技巧，争取赢得员工的理解和支持；否则人才就容易流失，影响公司的正常运转。也就是说，在处罚员工的前提下，还要帮助、肯定甚至表扬员工。

管理者不管如何努力，员工的执行力依然不令人满意，员工依然慵懒，工作起来还是漫不经心，企业就会成为一头病牛，执行效果自然也就不高。原因就在于奖罚制度出了问题。管理者奖罚不分明，仅凭经验就对员工进行评价，盲目下结论，努力工作的员工受到不公正待遇，把奖励给了专爱做表面文章和投机取巧的人，就会严重挫伤他们的积极性，损伤员工的开拓精神。

一天，老板把员工小王叫到办公室，赞赏他说："通过多次观察，我发现你比其他人在工作上表现得都积极，你是我看到的最优秀的员工，我打算特别奖励你。"

小王听后，受宠若惊，说："谢谢老板！虽然我的工作内容比较烦琐，但在您的手下干活我觉得很愉快。尽管苦一些，但我很乐意这样做，为您做事，我总是竭尽全力。"

其实，小王在公司是工作最马虎、最敷衍了事的员工，只不过他善于伪装，在老板面前总是装出一副卖命工作的样子，老板自然就会觉得他有上进心；可是，表扬了这样的人，自然就会引起其他员工的不满。

员工最忌讳的是受到不公正的对待，要想提高员工的执行力，管理者就要建立自己的判断标准，并通过奖罚手段表现出来，千万不要做出让"员工出力而受罚"的事情，否则只会助长"造假"之风，寒了员工的心。只有对只拿薪水而不做事的员工进行处罚，才能调动其他员工对工作的积极性。

记住：奖罚分明是企业执行工作的必备条件之一，也是执行和落实组织目标的内容之一。

合理调整：适时调整制度，提高执行力

监督机制可以约束一个人，可以使企业的执行力达到最好。一旦发现制定的制度有问题，就要进行调整，促使员工执行到位。

在国内企业中，海尔是执行力较卓越的一个。

海尔之所以能够从一个濒临倒闭的小厂发展为世界知名品牌，并进入世界500强，主要原因就在于有完善的制度！当年，张瑞敏在接手那个濒临倒闭的小电器厂时，就是从制定完善的制度着手的。

一上岗，张瑞敏就颁布了著名的"13条"，包括：不许打骂人、工作时间不许抽烟喝酒、不许在车间大小便等。

之后，张瑞敏编写了10万字的《质量保证手册》，制定了121项管理标准，49项工作标准，1008个技术标准。

张瑞敏认为，集团只有制定完善的制度，才能统一面对市场，实现卓越经营。随着海尔的发展，各项规章制度也在不断地完善和修改。

如今，海尔的员工几乎上班都不会迟到。为了不迟到，很多员工都会打车上班；不及时赶到，便是违反制度，会受到惩罚。

不对制度进行调整，只能将员工逼进死胡同，即使员工能力再强，执行力也会弱化很多。因此，为了适应不断变化的内外部环境，管理者就要根据环境的变化对制度做出适当的调整。

1. 制度修订的原因

概括起来，企业制度需要修订的原因主要有3个：

（1）外部环境发生变化。首先，技术创新与社会进步必然会带来经营环境的变化，营销、财务等管理制度也要发生变化；新工艺、新技术等为企业发展新产品、新服务提供了新手段，企业必须建立相应的生产运营制度。

其次，政府法律法规的改变，国家宏观政策的调整，为了适应合法合规经营的要求，企业要变更相应的制度和流程。

（2）企业经营理念发生变化。在企业内部，新观念的确立影响具体管理制度的制定和执行，比如，一旦公司具备了人力资源开发的观念，人力资源管理制度的范围、内容、侧重点等都会发生变化，原有的制度都要进行调整，还要补充一些新制度。

（3）企业经营方式发生变化。一旦企业的经营目标、经营方式发生变化，原有的行为规范就会阻碍目标的达成和业务的开展，这部分制度必然需要修改和更新。例如，如果产品或服务领域以及市场范围发生了变化，相应的制度也要进行修改。

2.制度修订的原则

修订企业管理制度，应遵循以下3个原则，如表10-2所示。

表10-2　修订企业管理制度三原则

原则	说明
先立新再破旧	对企业管理制度的修订、废止要采取先立新、再破旧的程序。如果条件不成熟、新制度尚未出台，就要继续按原有制度执行，新制度正式建立后再废除旧制度，保持企业管理制度的连贯性和稳定性，保证企业经营活动的正常开展
既稳定又灵活	管理制度的设定，既要稳定，又要灵活。一方面，要根据经营活动的需要对制度进行适时更新，用最新、最适用的制度代替陈旧的制度；另一方面，既不能朝令夕改，也不能全盘否定，要在具体分析的基础上进行完善，在实践中逐步趋于合理
处理好"例外"	企业经营活动和外部环境发生了变化，制度也要进行相应的修订。一旦出现了"例外"和"偶然"情况，管理者就要运用标准化原理来指导对相应事件的处理，并将例外事件纳入管理制度，使其成为常规管理的一部分

3. 制度修订的程序

在实际工作中，由于时间紧迫，如果制度内容修订比例不大，修订工作可以采取"五步法"：

（1）明确修订目标；

（2）补充必要的数据和信息；

（3）起草修订稿，对制度修订前后的效果进行对比分析；

（4）征求意见；

（5）签审发布。

一旦制度的修订与其他管理制度发生矛盾，企业管理就会出现混乱，因此，修订时一定要考虑清楚。

杜绝歪风：杜绝"上有政策，下有对策"的歪风

一般具有一定规模的公司都有较为清晰的决策层、管理者和执行层，"上有政策"和"下有对策"的事情，既可能发生在决策层和管理者之间，也可能发生在管理者和执行层之间。这种风气盛行，必然会影响到员工的执行力。

1. "上有政策"和"下有对策"

"上有政策"和"下有对策"的情形非常多，不同情形有着完全不同的特点，有着不同的作用或影响。管理者要迅速地辨认出它们的特性，有针对性地对"政策"或"对策"采取正确的处置方式。

（1）政策和对策一致。任何一项"政策"都会具有某种原则性和稳定性，不可能面面俱到，也不可能朝令夕改。面对时刻变化的环境和事项，管理者就要创设出多样化的"策略"来应对。

"下有对策"和"上有政策"的紧密相随，是公司管理必然出现的现象，甚至可以说，"对策"就是"政策"面对变化环境和事项的灵活性延伸安排。

（2）对策扭曲政策。"政策"存续时间较长，内容没有做过调整，而环境的变化较为频繁或剧烈，或涉及的特殊事项越来越多，管理者就要增加成本；同时，"政策"相对稳定，无法及时、足额地保证管理者获得相应的新增成本补偿。

"对策扭曲政策"，反映了管理不同层面利益的博弈，体现了局部利益

与整体利益之间的冲突。虽然这种冲突有着较强的负面效应,但层面之间的信息并不完全对称,冲突的表现形式不明显,导致的最终结果就是,上一层面无法及时、准确地发现问题。

(3)政策落后对策。不具有灵活调整性的"政策"越是调整少,持续的时间越长,离变化的环境和事项就会越远,必然迫使"下有对策"更为丰富和多元,越发体现出"对策"对"政策"的矛盾。一旦这种矛盾和冲突超过了一定的"阈值","政策"便无法覆盖治理中的主要领域或主要事项,"对策"就会替代"政策"而成为治理的主要工具。

2. 不同员工,区别对待

面对不同的下属,管理者要掌握不同的对应策略,才能避免管理上犯错,具体如表 10-3 所示。

表10-3 管理者针对不同下属应采取的不同策略

对象	策略
太过油滑的下属	油头滑脑的下属,一般都在职场待了很长时间,他们早已对刀枪产生了免疫,即使严厉批评他们,也不会有明显效果。被管理者批评之后,他们甚至还可能更加消极怠工。所以,对这类下属,与其跟他绕弯子,不如直接告诉他:"你又偷懒了""少在上班时间干私事"
攻击性强的下属	跟富有攻击性的下属相处,管理者要引导和鼓励他们表达真实的意见。不管他们是真心还是怀有敌意,管理者一定要正视他们的"进攻"。遇到这类下属,要让他们说个够,在对方说得差不多时,适时打断他们,用明确的语言阐述自己的想法
信心不足的下属	对缺乏信心的下属,管理者要进行鼓励,多给予他们积极的暗示,比如,"这件事对你来说可能会有点困难,但是,只要你好好努力,要做好其实也不难",鼓励下属去尝试,才能不断发掘他们的潜力

第十一章
文化赋能：优秀的团队文化利于执行力的改进

协作：少些单打独斗，多些通力合作

在一个团队中，如果人心涣散、各自为战，就会失去生机与活力，又谈何执行力？团队缺少凝聚力，即使个人能力再强、再聪明、经验再丰富，个人能力也得不到很好的发挥，执行效果也会差很多。

俗话说"团结就是力量"！要想造就好企业就必须有一个优秀的团队，而要想打造优秀团队，就要建立一个渠道通畅、认知水平一致、具有协作能力的优秀集体。在团队中，大家互相配合，心往一处想，劲往一处使，才能提高执行力。优秀的团队精神是提高执行力的关键，忽视了团队精神，团队必将成为一盘散沙。

1994年4月的一个星期五的下午，海尔收到一位德国经销商打来的订货电话，经销商说："这批货对我非常重要，必须两天内发货，否则会影响我们公司的效益；不按时发货，订单就自动失效。"

海关、商检部门下午5点下班，当时是下午2点，也就是说，发货的时间只有三个小时。按照一般的程序，要想完成这项工作根本就不可能；如果做不到，只能等到下个星期一了，按照合同约定，订单就会自动失效。

为了抢时间，海尔员工的团队执行力发挥得淋漓尽致。大家齐心协力，统筹协作，调货的调货，报关的报关，联系船期的联系船期，大家抓紧每一分钟，使每一个环节都得以顺利通过。终于，在海关下班前，将货物成功地发了出去。

德国经销商接到货物发出信息时，既吃惊又感动，双方的合作关系进一步巩固。

如今，个人英雄主义已经被时代抛弃，我们已迈入团队合作的新纪元。管理者即使位高权重，即使拥有领导大权，缺少了跟随者，也无法成就大事。

高执行力的实现，离不开团队良好的协作与配合；员工、部门之间不协调，工作无法展开，只会把事情弄糟。智慧的管理者一定会在团队中设立一种"协作"团队文化，既能妥善地分配员工的工作，又能协调他们之间的合作。

树立团队精神，加强协作配合，形成相互支持、协调有力的运转机制，就能增强执行力。那么，如何进行有效的分工合作呢？

1. 明确成员的角色

在团队内部，要根据实际情况对员工进行最佳配置。明确员工的角色。因为只有这样做，员工才能各司其职，才不会产生推诿、扯皮等不良现象。员工滥竽充数，不仅会给团队带来一定的成本损失，还会让团队产生不良风气，降低工作效率。管理者要正确判断成员的才能和个性，了解成员的性格和技能，以及他们的处事风格，然后为具有不同个性的成员安排合适的工作。

2. 设定共同目标

明确的目标是能否成功完成执行任务的关键。因为为了提高执行力，团队就要根据自身实际需要确定目标；然后，对目标的各种因素进行讨论并决定完成的最后期限；最后，让大家为了同一个目标而努力。

3. 给下属一定的权力

在合适的时候，管理者要给下属一定的自由发挥空间。团队内打造信任文化，就能切实提高员工的工作效率和执行力，使员工产生强烈的责任感，释放能量与潜力，将自己的创造性和能动性充分发挥出来。

4. 建立沟通制度

在团队协作的过程中，多方沟通，可以了解别人的进度，进而调整自己的进度，同时还能实现技能互补。良性沟通一般都建立在团队内融洽的人际关系上，上下级互相尊重，同级人员相互信任。

5. 树立良好的规范

要想实现团队的高效运转，各部门首先要权责分明，否则只能导致效率低下。建立了部门后，还要制定必要的规范，比如，定时召开讨论会议、定时对前期工作进行总结等。

共赢：用共同利益调动人们的积极性

关于共赢，有这样一个故事：

左手和右手本来是一对好朋友，更是世界上最默契的合作伙伴，可是它们都认为自己是最重要的，都不服对方。

一天，一只蚊子落在左手上，开始吸血。左手又疼又痒，但又不想让右手觉得自己不如它，于是自己挣扎，可是没有制服蚊子。

第二天蚊子又来了。它落在右手上，左手想：哼，让你看看它的厉害，当你需要我帮忙的时候，我就嘲讽你。

右手想：昨天你没有制服蚊子，今天一定让你看看我的厉害。

可是，他同样是一只手，自然也就无法制服蚊子，最终蚊子吃得饱饱的飞走了。

左手跟右手互相生气，彼此搞得两败俱伤，最终让蚊子收获了渔翁之利。

在团队中，到处都有像左手和右手互相不服气的人，他们都觉得自己能力强，认为自己很重要，总在团队中耍小性子，不配合上司的工作。其实，团队成员之间互相猜疑、互不服气，只能导致两败俱伤，谁也无法获利；只有互相配合，一起工作，才能提高执行效果，实现共赢。

从本质上来说，团队就是通过大家的努力，共同朝着一个目标前进。大家在一起"抱团取暖"，相互借力，能够将身边的优秀资源整合到一起，能够提高执行力，创造出自己更好的结果。成员之间失去了信任、团结、合作等关键因素，即使聚在一起，也会彼此猜疑、我行我素，不仅无益于执行力的提高，最终还会走向瓦解。

一家大型销售公司，为了筹建数据库开发和网上销售工作，投入了巨大的人力、物力和财力；同时，还聘请了比较专业的李涛负责该项目的开发。为了使项目早点实施应用，老板支付给李涛不菲的报酬，远高于本行业的最高水平。

可是，让人没想到的是，项目进入技术攻坚阶段时，李涛却突然辞职，除非公司付给他比现在多两倍的报酬，否则他将带着现有的科研成果到别家公司去。

李涛给老板出了一道难题，是留，还是放？如果李涛离开，前期付出的人力、财力和物力都将泡汤，项目也会半途而废。更可怕的是，如果李涛把现有的成果卖给竞争对手，公司的损失将会更大；可是想要留住李涛，公司就必须满足他的要求。

公司领导认为，虽然公司能够给李涛这样的工资，可是将这种员工留在公司，势必会给公司造成更大的威胁。

权衡之后，公司决定放弃李涛。

李涛带着科研成果跳槽到了另一家企业，但由于他的事情已经在业内传开，最终也没有得到重用。

与员工能力比起来，企业一般更看重的是能够维护企业利益、与企业共赢的人。这个案例告诉我们，李涛与企业之间的这种"博弈"，是无法实现共赢的。

对于员工来说，不将企业的利益摆在首位，即使能力再强，也不是优秀的员工；时刻只为自己着想、自私的企业是难以取得大成就的，最终企业也会被员工抛弃。因此，管理者一定要在团队内打造"共赢"文化。让大家在相互信任的基础上，换位思考，相互理解，相互支持，最大限度地满足各利益群体的需求，大家彼此依存。

记住：共赢是两全其美，互利互得。企业与员工，是利益共同体、风险共同体、命运共同体。

分享：建立互相成就的知识分享体系

知识分享就是，员工通过各种渠道交换、讨论知识，提升知识的利用价值，产生知识的综合效应。

团队中，每个人都扮演着不同的角色，比如产品经理、开发人员、测试人员、UED（User Experience Design，用户体验设计）等。术业有专攻，通过知识分享，就能提升员工的整体水平；而进行跨角色的分享，还能提高整个团队的绩效。

英国石油公司(BP)一共有64个团队，一次一个团队发现：如果不共享提高生产力的最佳实践，效果只能达到1；共享了最佳实践，效果可以提高63倍，再加上知识的贡献，就能取得"1+1＞2"的效果；之后，再乘以64倍，就能实现 $K=(I+P)^S$ 的指数增长效应。

1994年，抵达海地的美国陆军在第一次维和行动后，为了评估发生的事情，以便在下一次行动中提高效率，各小组举行了一次事后回顾。

一个战士回忆说，在解除该镇武装的过程中，他们遇到了很多阻隔。

一个战士说，他发现镇上几乎没有狗。

一个战士发现，海地人非常害怕军事警察使用的大型德国牧羊犬，可以从军事警察那里借一些狗，以便在解除下一个镇子武装时使用，减少抵抗。

解除了第二个镇子的武装后，又举行了一次事后回顾，找到了更多的办法。在这次事后回顾中，小组注意到村民在家中比在街道上更容易合作，于是决定在解除第三个镇子武装的过程中，更多地与村民在他们家中接触。

第三次事后回顾时，小组成员说，他们发现海地人非常尊重妇女，决定让一名妇女负责团队，并在海地人面前显示出她非常特别。结果，她有效地完成了使命。

分享的好处显而易见！对于员工来说，知识分享可以进行知识互补，提升自己的原有技能，并发展新的技能，实现个人的职业发展。对于团队来说，知识分享可以提高团队的整体认知水平，增进成员之间的了解，提升团队士气，扩大团队的影响力。

每个人都有自己不擅长的领域，分享自己擅长的领域，弥补自己的不足。当分享的内容是自己想要了解但最近又没有时间学习的内容时，就可以为自己节省大量时间去学习其他知识；如果别人分享的刚好是最热门的技术，即使自己暂时用不到，依然能够扩展知识面。

分享，不仅能对知识点进行总结和归纳，还可以培养一种内在的气质和自信。使分享机制走上正轨，就能打造良好的分享氛围了。因此，在团队内搭建知识分享体系异常重要。

1. 建设知识分享机制

为了提高团队执行力，就要建设知识分享机制，具体步骤如下：

第一步：确定分享主题

分享的内容可以是开发过程中遇到的问题，也可以是最新最热门的技术，还可以是对某一个技术点的深入分析。

第二步：确定分享人

首先要确定下一次的分享由谁来主持，可以由团队轮流来分享，也可以针对某个具体问题由擅长的人来分享。

第三步：明确分享时间

可以确定一个固定的时间来分享，也可以安排在大家都有空的时候分享。

第四步：保存分享成果

分享完成后保存分享的PPT或文档，最好上传到公司内部网站，如此，既方便员工随时查看，也方便新员工学习。

2.知识分享的机制和渠道

（1）知识分享机制。分为正式的和非正式的，如表11-1所示。

表11-1 知识分享机制图表

机制		说明
正式的分享机制	正式的网络	通过管理系统由上而下传递、指示，或由下而上汇整、呈送与工作相关的信息与知识
	师徒导师制	资深员工用一对一的方式，目的是提高新员工的智能与技能，注重长期培养
	知识库的建立	知识维基与知识论坛，由组织来主导，在特定的时间与场所，对于领域的重要知识，召集团队自由交流、共享知识
非正式的分享机制	非正式的网络	员工之间自发建立的沟通网络、咨询网络与信任网络，建立的分享
	非正式场所	员工在非正式场所，不期而遇地进行对话，产生的知识交流与共享

（2）知识分享的渠道大体分为以下几种方式：

中央集中式：将"标准制式的内容"，通过组织主导的正式渠道来传递及共享给员工。

自主网络式：通过员工彼此对某一知识主题的兴趣，由员工自行主导。

专家式：知识只掌握在少数专家手中，最有效的传递方式是由专家将品质最好的知识传授给学员，权威性与正当性都很强。

分散式：团队之间相互分享。

共情：用感情推动大家一起努力

彭蕾是阿里巴巴 18 名创始人与合伙人之一，曾任阿里巴巴首席人力资源官。

28 岁那年，原本做大学教师的彭蕾辞职，跟随丈夫孙彤宇一起进入了阿里巴巴。从进入阿里巴巴的第一天起，彭蕾就废寝忘食地工作，经过自己的不懈努力，终于打造了阿里价值体系，挖掘了众多人才，为公司的发展奠定了坚实基础。

彭蕾的内心非常坚定，领导力也很杰出，她用女性特有的温暖，赋予了职工爱、信任和责任感。作为集团里时间最宝贵的人，彭蕾每年都会雷打不动地参与聚会至少 5 次，每次 2~3 天的时间。在一起，大家会商讨合伙人制度：合伙人存在的价值是什么？他要做什么事情？怎么评估合伙人该承担的责任？内容涵盖整个集团的未来、愿景与使命。

心力是最重要的，要想带动大家一起干，管理者就要有明确的方向和目标，一步一个脚印地踏实行动。管理者被众多琐事包围，就会暂时失去焦点，这时最好停下来看一看、想一想：企业的方向究竟在何处？

员工与公司之间的心力可以跨越公司边界，超越公司价值而存在。

随着联想集团人才的更新换代，老员工纷纷从一线上退下来。为了安置老员工，柳传志成立了控股公司，并提出"搭班子、定战略、带队伍"的策略。为联想立下汗马功劳的老员工，离开联想集团核心业务之后，在投资领域发挥更大的作用。联想控股集团和原集团的功臣建立了共情关系，联想平台的老员工不仅可以投身于投资等新领域，还可以在宣传企业文化、传播企业发展史等方面发挥余热。

无独有偶！

瑞特·斯波德（Ritter Sport）是德国著名的巧克力企业，负责接待从世界各地来访的员工，他们都是从一线上退下来的老员工，他们的主要工作是：为访客讲述企业发展史，宣传企业文化，传播企业愿景、使命和价值观，让来访者都能深刻理解企业品牌的含义和精神。

这是老员工赋能企业、赋能品牌的最好体现。

合伙：确立合伙人机制

员工与合伙人拥有两种不同的身份，对于企业的感情自然就不同：员工完成自己的工作，获得工资，与企业之间只是单纯的雇佣关系；而合伙人不仅能享受企业的分红，还要承担经营风险，与企业之间是一种从属关系。

确立合伙人机制，就是将员工的工作心态由"给别人打工"转变为"给自己打工"，提高员工的执行力。

阿里巴巴采用员工持股计划，将员工转变为合伙人，每个员工都是阿里巴巴的股东，在阿里巴巴成功上市后，员工获得的利益也水涨船高，很多员工都成了百万富翁甚至千万富翁。如果员工没有持有股份，就无法从阿里巴巴市价的上涨中得到收益。

阿里巴巴的合伙人基本要求如下：

（1）在阿里巴巴工作5年以上，认同阿里巴巴企业文化，有优秀的领导能力，对公司发展有着积极作用的管理者。

（2）合伙人必须持有公司股份，且有限售要求。

阿里巴巴的合伙形式：赋予合伙人更多的公司事务决策权和董事会席位，但他们不会享有公司的多数股权，由股东会投票表决，一旦否决，合伙人就要重新选个提名。

随着商业环境的变化和管理条件的不断改善，员工持股计划被越来越多的企业运用。为了促进发展，传统企业也要开始尝试各种类型的合伙人机制,将员工升级为合伙人。那么,如何才能让员工成为可靠的合作伙伴呢?

1. 管理者要摆正心态

不要再用老板的眼光看待员工,不要摆出一副高高在上的姿态,要与员工建立一种关系——团队和员工不是雇佣的关系,而是一种合作的关系。

既然是合作,就要充分考虑双方的利益,员工赢,团队才能赢,只有大家赢才是真的赢,这样的合作才能持久。

在团队的经营管理中,要多看多沟通,对于重要决策,为了少些误判,就要多听听员工的意见。

2. 设置合理的分配制度

既然认同员工和管理者是合作关系,就要设置合理的合伙门槛和分利档次。比如,设置不同的合伙级别、不同的分利档次,如表11-2所示。

表11-2 合伙门槛和分利档次设置

级别	门槛	额度	分红
普通合伙人	不太高	500~1000元	月度/年度分利×%
银牌合伙人	稍微高一点	3000~5000元	分利×%+5%
金牌合伙人	比上面两个标准高	10000元	分利×%+10%

当然,上面的级别和档次也只是举例,具体还要根据团队的实际情况来确定。

这种分利模式,是将团队的利润,按照合伙级别的不同进行分成。要体现这种合伙分成的模式,就要将团队的利润公开透明化,且分成奖励要实时到位。

3. 让员工有当家做主的权利

员工在团队中有当家做主的权利,才会感觉到团队确实与自己息息相关,才会将团队当作自己的家来对待。

员工当家做主,并不是说事事都由员工说了算,因为员工渴望的是一种感觉、一种心理上的满足感、一种能体现个人价值的存在感。那么，如何才能体现员工的价值感或者存在感呢？最重要的是给予员工权利，比如，员工有折扣减让权、有货品采购权、有上架选择权、有人员招聘参与权等。对于团队管理者来说，除了上面的权利，还要有员工管理权、业绩分配权、店员招聘权、库存清理权等。

第十二章
品牌价值：
正确的价值导向能够提高执行力

确立战略：找准战略理念

确定战略是整个执行体系中的第一步，其优劣直接决定团队的发展前景。

从某种程度来说，团队的发展建立在良好的战略规划基础上，良好的战略规划是团队发展的起点，它可以为执行提供更好的指导。管理者要设计出合理的战略流程和运营流程，确保战略计划既可以做到高瞻远瞩，也能落实到实践中。

1. 明确方法

想要制定良好的战略，可以采用下面几个方法：

（1）对战略环境进行分析和预测。要对团队的经营特征进行分析，搞清楚"我们是谁"的问题。因为即使是一个长期工作在某一个环境里的人，也不一定能清晰地知道公司的相关信息。一个最明显的例子就是汽车行业。

许多人都知道汽车行业涉及的领域是制造业，但是如果把汽车公司的各个业务模块和各个事业单位进行分析，就会发现，汽车公司最大的利润来源不是制造业务，而是金融行业。如果管理者将战略制定的焦点集中在制造业上，就无法把握盈利的机会。因此，管理者一定要全面了解团队发展的战略环境，认真分析团队的行业特征并认清自己，才能够保障战略的制定不会出现偏差。

（2）行动计划的制订和划分。每一个战略规划都有比较完善的行动计划，具体做什么、什么时候开始做、做到怎样的程度……都必须标注在计划内。此外，整个战略规划的执行需要划分为几个阶段，不同的阶段要有不同的安排和策略。

（3）确定战略执行过程中的重点。这些重点包括：确定团队使命、划分事业单位、确定关键单位的目标等。只要把握这些工作重点，就可以确保整个战略的重心，确保执行过程中不会出现失衡和偏差。

（4）制定战略实施的措施。简单来说，寻找实施战略的方法。制定者必须明确给出具体的行动纲领和方法，指导执行者的具体行动。

2. 坚持原则

（1）承受战略风险。很多管理者认为战略应像成本规划一样精确、完善，但战略更关注未来收入而非成本，面对的不确定性因素更多，因此完美无缺的战略并不存在。战略无法消除风险，最多只能提高成功概率，若想勇敢地作出战略抉择，管理者必须首先接受这一事实：管理者希望掌控未知的世界，但游戏规则不是这样，不能为不尽如人意的业绩找借口。

（2）厘清战略逻辑。如果想提高决策成功率，唯一可靠的方法就是，检验战略思考的逻辑：关于客户、行业格局演变、竞争和企业核心能力，你的预设是什么？只要对实际情况和预设做对比，管理者就能以最快的速度找到战略失当的原因，进行应急调整，提高战略决策水平。

（3）明确战略重点。客户购买决策直接影响企业收入，因此要将战略重点放在争取更多的客户上。而要想争取更多的客户，就要做到下面两点：找准目标客户群；为客户提供超预期价值。

正确决策：你的决策在点还是面

这里有个故事：

到了农耕最忙的时节，农夫招聘杰瑞来帮忙。杰瑞做事麻利，效率高。犁地，别人至少要一天才能耕完，杰瑞只要半天时间；打扫谷仓，别人要半天才能干完，杰瑞只要一小时。

一天，农夫让杰瑞去地窖里挑土豆，普通人一小时就能做完，农夫估计杰瑞只要十分钟就能从地窖里出来。可是，四个小时过去了，依然没有看到杰瑞的身影。

农夫下了地窖，发现杰瑞正坐在地上，紧盯着手中的一个烂土豆，绝望地自言自语："该死的土豆，到底扔不扔！"

"一个篱笆三个桩，一个好汉三个帮"，即使是能力很强的人，身边也会有一群出谋划策的人。这类人在古代有一个专门的称谓，叫作谋士。谋士在现代叫作智囊。国家高层领导人身后一般都有一个智囊团，智囊团由经济、政治等各个领域的专家组成，主要工作是为领导人提供政策建议。

物以稀为贵，人也如此！在专制制度下，一般都是帝王将相一个人说了算。谋士的意见是否准确、他人的建议是否有效，都要依赖于帝王自己的判断。如果帝王的水平不高，即使谋士出的主意再高明，也等于零。对管理同样如此。那么，作为管理者，如何才能作出正确而及时的决策呢？

1. 听取意见

从形式上看，决策是管理者个人的决心；但从决策的内容和过程来看，管理者除了运用自己已有的知识和经验外，还应多听听其他人的意见，弥补自己知识和经验的欠缺，使自己所作出的决策更加正确。

在决策过程中，管理者千万不能主观武断，因为管理者的知识和经验会受客观条件的制约和主观努力的影响。管理者的知识和经验的适用范围也是有限的，但需要作决策的问题可能又是无限的。作决策时，管理者要广泛听取意见。

2. 顾全大局

管理者要抓住事情的根本，顾全大局。对于管理者来说，一是要抓大事，不要什么事情都想抓都想管，毕竟，精力、时间有限，如果什么都管都抓，势必会造成大事抓不住，小事抓不完；二是要努力提高管理者自身的素质，学会运用矛盾分析法抓住主要矛盾和矛盾的主要方面，这样才能抓住问题的根本。

3. 是非分明

善于决策的管理者回答员工问题时，会肯定：哪些是正确的，哪些是错误的，他们对问题的分析理解非常深刻。管理者是非不明，也许并不是水平不高，而是私心太重，不想承担责任。回答员工的问题时，即使比较客气和谦虚，但语言也异常模糊，更多的是空话和套话。

4. 权衡利弊

管理者作任何决策都要权衡利弊。管理者在权衡利弊时要坚持以下原则：

（1）保持大脑的清醒，不能被表面现象迷惑，不能以个人好恶妄做决断，不要做事浮夸。

（2）果断抛弃私心杂念，不能以个人得失论危害，正确选择决策的依据。

5. 留有余地

管理者在作决策时，一定要留有余地。因为可能出现情况不明或判断不准的情况，此时可能需要进行一些修改或变更，只有留有余地，才能使得修正容易许多，否则决策就会造成一定的偏差。

6. 勇于创新

决策的生命力在于它的创造性。创造性思维必须有新意，敢于想前人所未想，做前人所未做的事。勇于创新建立在科学的基础上，任何创新的想法都必须切合实际，切实可行。

魅力吸引：打造人格魅力，扩大影响传播

魅力是一种无形的力量！管理者即使缺少魅力，也能行使管理权，但同有魅力的管理者相比，领导效果会差很多。

人格魅力是优秀管理者必备的非凡品质，能够对员工产生巨大的吸引力、凝聚力和感召力，产生巨大的影响力。管理者只有把自己的素质、品格、作风、工作方式等特征与管理活动有机结合起来，才能较好地完成管理工作。

人格魅力是一个人在性格、气质、能力、品质等方面具有的力量，管理者影响力的提升，并不在于职位和权势，主要取决于他的人格魅力。

1. 知识要素

知识本身就是一种力量，完善的知识结构和丰富的知识内涵能赋予管理者运筹帷幄的智慧与谋略，而持有的知识专长则能造就管理者的果敢和权威。从一定意义上说，员工对管理者的虔诚程度取决于管理者的知识结构和专业化水平。因此，管理者可以不面面俱到，但要不断更新知识，与时俱进，敢于开拓创新。

2. 情感要素

个人的行为既会受到理智的控制，还会受到情感的支配。在实施管理职能的过程中，进行正常的情感交流，是形成合力的关键。管理者的思想感情越贴近员工，越能获得员工的拥护，吸引力越强；背离了员工，摆错了位置，上下级之间就会感情疏远，吸引力也就无从谈起。

3. 品格要素

管理者品格良好,员工就会主动模仿,就会心生敬佩,甚至被管理者折服而产生崇拜。这种作用是潜移默化的,会让员工在自觉与不自觉中受到吸引。

简单环境：营造快乐的工作环境

判断员工是不是优秀、团队是不是强大，不要看成员是否毕业于名校，要看他们是否在发疯般地工作，能否高高兴兴地回家！除了薪资待遇，工作氛围是员工最关心的问题。创造良好的工作氛围能使员工快乐、有效地工作，因此管理者要打造一种快乐的工作氛围。

如今，对于企业来说，构建令员工愉悦的工作环境成为一种趋势。那么，在管理系统软件盛行的今天，怎样的人际关系能让员工开心工作？

先看国外著名企业：

Facebook（脸书）：在办公场所，Facebook为员工配备了医生、按摩师和理疗师，他们的宠物甚至都能出现在公司。

谷歌：为了给年轻女性提供方便，谷歌为她们准备了育婴房；为了让员工吃饱，谷歌为员工提供了品种丰富、口味极好的免费三餐。

再看国内企业：

在珠三角地区，一些制造业企业也纷纷开设了新部门——员工娱乐部！该部门为生产流水线上的员工创造了快乐的工作氛围，员工能够更开心地工作。

管理者要记住：人是组织中最重要的资源。员工越开心，工作越出色，对待工作和生活也会越乐观！

调查结果表明，企业内生产率最高的群体看中的不是薪金的丰厚，而是工作心情的舒畅。愉快的工作环境会让员工称心如意，工作起来也会更加积极；压抑的工作环境只会使员工产生抵触，不仅会影响执行力的提升，还会严重影响工作绩效。

快乐的员工，会积极地投入工作，会将个人潜力充分发挥出来。

快乐的员工，会把自己的快乐传递给客户，保持良好的企业形象，提高销售利润。

快乐的企业，能够使快乐成为一种企业文化，将能力强的人留住，提高企业的凝聚力。那么，如何创造快乐工作氛围呢？

1. 重复工作不重复

员工长期面对同一份工作，就会感到枯燥，产生厌恶感。而变化繁多的事物总能诱发人们的好奇心，吸引人们去探究，更能激发人们的主动性。因此，要想让员工快乐工作，就要让工作富于变化：

（1）改变作业氛围。比如，更改展示柜、收银台等位置或店铺布局，使气氛焕然一新。

（2）改变工作内容。比如：改变员工的工作形式，这个月是"质量月"，下个月是"服务月"，员工就会觉得工作新鲜，工作氛围也会轻松活泼很多。

（3）将工作分成几段。在短时间内完成一个个的小目标，使员工总能得到收获和成就。

（4）提供暂时的休息时间。比如，工作期间，可以设置十分钟的喝茶时间，让店员暂时远离单调的工作。

总之，当重复的工作变得不重复时，工作的激情就会自然流露出来，自然也就形成了快乐的工作氛围。

2. 提供自信基础

通常员工从事的都是基础性工作，比较缺乏自信，容易对自己所从事的工作缺乏自豪感，自然也就无法获得快乐了。要想让员工充满自信，就要打造快乐的文化氛围。比如，选择高档的酒店，带着员工去聚餐。因为同行业员工之间也会这样比较，在某某大酒店吃过饭的员工往往会觉得比在某小饭馆吃饭的员工更体面、更受重视，企业也更有实力。

同时，员工表现出色，为了给他们更多的信心，就要给他们公开表扬和掌声。对员工的认同可以是一句"谢谢"，也可以是管理者的一封个人信件，或总经理能够叫出员工的名字。

3. 日常激励

日常生活中，要给员工足够的关心，和他们成为好朋友，建立一种共同努力的家庭氛围。在员工工作繁忙的时候，管理者可以适当给他们一些意想不到的惊喜，如买点小吃；给员工一句赞美；替员工取信，亲自送给他们；送给员工一份不署名的小礼物；送员工一本他（她）喜欢的书籍或杂志；外出午餐回来时，给值班的员工带一份冰激凌……

4. 设置快乐机制

在办公室工作，员工难免会出现倦怠、消沉和精神不集中等问题，要想改变这种状况，就要对员工进行持续的鼓励和沟通。常用的方法是，设置快乐的工作岗位与工作方式，例如，在家乐福，负责店面联络的员工，会脚踏滑轮在店面穿梭，如此不仅增加了工作的趣味性，还让原本枯燥的工作充满了乐趣。

仪式感：管理要有仪式感

电视剧《士兵突击》是 2006 年播出的电视剧，受到观众的认可和欢迎。笔者很喜欢这部电视剧，看了很多遍，每看一遍都会有很多感悟。里面有个片段，给我留下了深刻印象：

新进入钢七连的新兵，都要参加一个仪式，尤其是在钢七连被改编前夕"马小帅入连仪式"，这段情节成为这部电视剧经典的镜头之一。

问1：马小帅！

答：到！

问：钢七连有多少人？

答：钢七连有 57 年的历史，在 57 年的历史中，有 5000 人成为钢七连的一员！

问2：马小帅！

答：到！

问：你是钢七连第多少名士兵？

答：我是钢七连的第五千名士兵，我为自己感到骄傲，我为之前的 4999 人骄傲！

问3：马小帅！

答：到！

问：还记得钢七连为国捐躯的前辈吗？
答：我记得钢七连为国捐躯的1104名前辈！

问4：马小帅！
答：到！
问：当战斗到最后一人时，你是否有勇气扛起这面连旗？
答：我是钢七连的第五千名士兵，我有勇气扛起这面连旗，更有勇气第一个战死！

问5：马小帅！
答：到！
问：你是否有勇气为你的战友而牺牲？
答：他们是我的兄弟，我愿意为我的兄弟而死！

问6：马小帅！
答：到！
问：无论是谁，无论是将军、列兵，只要曾是钢七连的一员，你都有权利让他记住钢七连的前辈！
答：我会要求他记住钢七连的前辈，我更会记住我今天说的每一句话！

问7：马小帅！
答：到！
问：你现在跟我们一起背诵这首无曲的连歌，会唱这首歌曲的前辈都已经光荣地牺牲了。现在，只剩下钢七连的士兵在背诵这首歌曲，我们希望你能听见五千个喉咙里吼出的歌声！

……

当马小帅嘶喊着"我是钢七连的第五千名士兵,我有勇气扛起这面连旗,更有勇气第一个战死!"时,不知道感动了多少人,不知道赢得了多少观众的眼泪。这个仪式,极大地激发了士兵的集体荣誉感,能够在士兵心中种下集体荣誉传承的种子。军人的这种仪式感,对团队管理来说,有着极大的实战性借鉴意义。

仪式感很大程度上影响着人们对一件事和一个行为的认同感。例如,过去我们过年,大人们会收拾屋子、做年糕,孩子们会穿新衣、放鞭炮。只要一想到过年能吃好的、穿好的,孩子们就非常高兴,就会盼着春节的到来。而如今,这种氛围渐渐变淡,大人随时都能收拾屋子,孩子随时都能穿新衣,对新年的期许少了很多。为何很多人会说"如今的春节少了年味?"主要原因还在于,少了过年的仪式感。

要想打造真正的品牌价值,管理者就不能讨厌仪式,不能发出这样的抱怨:

"给他发点钱就行,何必要搞这么隆重?"

"招个新人,还欢迎?浪费时间!"

"口头鼓励一下就行,布置什么鲜花呢?"

殊不知,正是这种看似表面、形式化的方法,却能帮助员工提高团队意识,打造一种团队文化。

每个人都渴望被认同被重视,每天都召开早会晚会,每次都一起呐喊口号,每周每月都为业绩最好或进步最大的人颁发证书……时间长了,所有人都会因为这种仪式而逐渐形成认同感。

仪式感有很大的意义。这里的意义,是人赋予的,不是这件事原本就具备的。从另一个角度讲,仪式感本身就是意义!所以,管理者要在团队中实施仪式感,给某件事某个人赋予神圣的意义,长期坚持,就会发现,做这件事确实很重要。

"懂得庆功"是管理者的基本要求和修炼，一定不能忽视。当然，要想建立仪式感，可以从以下4个方面入手。

1. 入职仪式

入职前，要给准员工发一份邮件录取通知书；员工来了之后，要召开员工大会，比如，在月度总结会议上，领导将新员工正式介绍给大家，由新员工完成一段自我介绍，让他被大家知道。员工在公司像"潜伏"，工作半年了，只有本部门的人知道有他这个人物，其他部门的人对他一无所知，让他怎么有归属感？

2. 企业文化

企业文化不能流于形式，可以被很好地利用，比如年会。年会是个不错的促进员工交流的机会，但很多公司都不办年会或办得像党支部开会。可是，对于工作没有做出多大成绩的员工来说，年会确是一个让他们翻身的机会。平时很少被关注，但不代表他没有特长，比如变魔术、歌唱、写毛笔字……除了工作，员工更以自己的特长为傲，期望得到展示，更希望得到他人的认可。年会，就是要给这些人提供一个表达的机会，让他们将自己最闪亮的光点闪现出来。

3. 荣誉证书

一本荣誉证书的成本一般不会超过10元钱，但使用好了，却能实现10万元、100万元的价值。要想塑造员工的价值观，最简单的方式就是建立"正反馈"，对表现优异的员工颁发荣誉证书，开表彰大会。因为荣誉证书是一种荣誉的证明，员工拿回家后，很可能会直接摆放在客厅里或书房中，这也是他的脸面。

当然，颁发荣誉证书也要注意：一定要提前公开评价标准。

4. 荣誉称号

战争中，为了激励士兵，都会成立"英雄连""敢死队"，在这种荣誉的激励下，士兵就会更加忘我。同样，管理者给员工赋予一个荣誉称号，也能形成一种激励机制，比如，"先进标兵""优秀团队"等，都能给员工一个"可以保护的名誉"，从而激励他们更加主动地工作，提高执行力。

第十三章
区块链时代：应用区块链更能极简执行

优势凸显：区块链赋能管理的特点

区块链减去了交易中介，即使是陌生人之间，也能彼此信任，但即便如此，也无法取代传统平台的匹配和调度功能。

与支撑货币的技术及商业基础架构比起来，加密数字货币更成熟，部分原因在于主流企业还不太信任token（令牌）发展。但是，一旦银行能够像对待传统金融工具那样来对待加密数字货币和数字化资产，就会增加更多的分布式商业价值。因此，各行业都要重新审视当前既定商业模式的各个方面，例如商品与服务定价、会计与税务方法、支付系统以及风险管理能力，争取将这些新的价值形态融入商业战略。

1. 无缝整合

SAP Leonardo 数字化创新系统于 2017 年 5 月推出，其将物联网、机器学习、商务分析、区块链和大数据分析等整合在 SAP Cloud Platform（SAP 云平台）中，可以帮助企业以最快的速度将创新成果融入自身的业务体系，有利于提升财务管理能力，实现各个前沿技术在云端的优势协同。

自 2016 年起腾讯开始研发区块链底层技术。

2017 年完成底层技术的完整积累，目前已经进入商业应用阶段，并已在多领域落地。

2018 年 4 月，腾讯发布了《区块链方案白皮书》；5 个月后，首批首家通过了中国信通院《可信区块链检测标准》。如今，腾讯区块链已经被广泛运用在金融、公益、法务、物流等领域。

2. 落地供应链金融

生产与流通过程中涉及的成员，与上下游成员连接在一起组成的网络结构，就是供应链。在这个过程中，会涉及很多公司，各公司各负责相应的环节，例如加工制造、库存管理、质量控制等，所有的环节构成了产品供应链；一旦完成了供应链，就发生了实物和金融交易。可是，全球供应链的管理水平远低于人们的期望，高度依赖人工，包括：大量审阅、创建纸质文件、验证交易单据等环节，很容易出现失误。而用分布式账本对这些环节进行管理，就能减少伪造、人工失误等风险。

以区块链技术为代表的金融和科技的进一步融入，为供应链金融的发展提供了强大的技术支撑。用区块链连通供应链中的各个公司/机构，就能完整地记录资产（基于核心企业应付账款）的发行、流通、拆分和兑付。而区块链上的数据一般都经过多方确认，既不能篡改，也不能抵赖，还可以追溯，能够顺利实现应收账款的拆分转让，全部追溯到链上的初始资产。

……

区块链技术的应用确实击中了人们的兴奋点。在区块链发展早期，多数人关注的是区块链技术对金融行业的影响；随着区块链技术的不断发展和成熟，应用场景越来越多，知识产权保护、供应链管理、公共管理等各领域必然会受到不同程度的影响，要想提高执行能力，企业就要不断优化自己的业务流程，降低运营成本，努力提升透明度和协同率。

管理应用：区块链在管理中的落地应用

一、企业招聘：招聘管理更加透明，谎言无处遁形

将区块链技术向企业管理的"周边行业"充分延伸，招聘管理和离职管理也将变得更加透明，各种谎言也就失去了滋生的土壤。

用区块链搭建一个信息平台，将每个人的履历存储到链上，招聘时管理者就可以查到应聘者的真实学历、工作履历、取得的职称。而且区块链还具有匿名性，能够有效保证个人隐私不外泄，管理者要想查看应聘者的信息，还要经过他们的授权。

区块链在招聘领域的应用，既是最直观的，也是最早适用的，将区块链技术引入招聘领域，会给招聘带来巨大的改变。

1. 个人简历验证

简历欺诈是员工应聘的一大问题。应聘时，管理者一般都是通过个人履历和简短的面谈来了解一个人的，应聘者很可能会虚增薪酬、夸大工作业绩、虚报任职背景、虚构教育培训经历等，管理者对其真伪判断失误，就会在无形中增加筛选成本，降低效率；而要想知道优秀人才的工作经历，也无处可查。

借助区块链不可篡改性、透明性、智能合约等特性，就能将职业档案的相关数据记录下来，比如学历信息、职业历程、培训记录、职场所受奖惩等，甚至包括过往的工作绩效指标、晋升情况，以及离职原因等，不是任由求职者在简历上描述自己的工作情况，实现了应聘者简历的真实性、

不可篡改性、不可伪造性，解决招聘信息失真等问题。

当然，还可以用区块链追踪成绩单和课程。只要申请人选择"分享"自己的学历证书，雇主就能使用应用程序来验证并检查这些信息。

2.降低招聘成本

使用区块链去中心化，就能降低人力的搜索成本和协调成本。

借助智能合约，区块链技术会为企业提供无尽的人才供选择。

在企业进行招聘时，借助区块链，能够更准确地判断招聘职位有哪些合适的人才。如此，不仅能简化复杂的招聘流程，还能提高招聘效率。

3.帮助员工建立个人信用

区块链可以让员工的"自主主义身份"概念变成现实，因为这些人对由多方验证的数据拥有更大的输入和控制权。通过区块链验证的简历信息，工作越稳定、获得公司嘉奖表彰次数越多、工作能力表现越优秀、同事评价越高、提供的信息越准确、无不良工作记录，员工的职业信用值也就越高，就能得到招聘企业的信任和好评，继而获得更多的工作机会和较高的薪酬。

4.节省背调时间

求职者简历只要通过区块链验证，管理者就不用再进行大量背景调查，就能为调查核实求职者背景减少成本；同时，还能避免过于冗长的验证过程，有效缩短招聘周期。而要想达到这些目的，企业只要使用区块链获取信息即可。

二、人才管理：能减少公司层级，优化管理

在企业中应用区块链技术，公司的层级就能越来越少。

采用传统的管理模式，管理者都是通过直接下属逐级管理更多下属，掌控整个公司的运行。在这种制度下，信息不对称的现象十分普遍，这就成为上下欺瞒等现象滋生的"土壤"。

上下级之间互不信任，随着公司规模的不断扩大，管理者更加集权和专制，下属看起来外表忠诚，背后却会更加离心离德。长此以往，企业就会越发僵化，就会盛行官僚作风，甚至盛极而衰。

使用区块链技术，这些问题都能得到解决。使用基于区块链搭建的系统，不仅能够灵活地存储信息，还能够让管理者和下属之间实现更好的沟通、建立信任，将上下级之间等级森严的"统治关系"转变为"伙伴关系"，层级更加扁平化，管理更加人性化。

1. 员工职涯管理

区块链技术还能用来记录员工信息。获得工作前，应聘者通常要通过一系列面试，再完成各种资质验证；进入公司后，还有更多任务等着完成，比如参加培训、填写合规问卷等。所有的这些信息都会被整理记录下来。整个业务流程及数据的处理需要多方人员共同完成，该工作会持续直到员工最后离开公司，然后该过程就会重新开始。区块链技术，可以让人力资源部从根本上简化这些流程。

2. 背景核实

在企业招聘过程中，借助区块链，就能对个人身份、职业资质、相关技能证书和工作经验等进行核实。数据显示，在所有率先使用区块链技术的公司中，超过一半的公司已经将该技术应用于数字身份验证。

3. 发掘人才

借助区块链，管理者就能准确地对潜在人才做出判断，了解他们最适合的工作岗位。目前，为岗位找到合适人才的过程非常烦琐，验证个人信息更是十分复杂。其实，借助区块链，完全可以解决这个问题。

4. 制定合同

利用区块链技术，就能制定劳动合同，即"智能合同"。可以先让合同全部程序化，然后根据工作要求是否达标来判断任务是否完成。如此，只需借助"智能合同"，就能对员工薪酬进行高效管理。

5. 证书关联

区块链可以省去传统证书关联的复杂流程，完成了某项学业，只要将学位证书上传至区块链，就不用担心证书的验证问题了。

6. 薪酬支付

区块链可以应用于薪酬支付，只要比特币和其他数字货币的市场健全，就可能将区块链技术应用于薪资支付。从长远来看，只要这些市场保持稳定，就能出现更多基于区块链的薪酬支付技术。

三、财务管理：账目公开透明，减少腐败

区块链可以应用于财务、固定资产管理、销售管理等方面。虽然有些数据可能涉及公司机密，但数据不透明，依然会滋生腐败，例如：市场分区的销售数据、采购记录、固定资产的年度折旧等。只有将数据公开透明化，才能大大降低管理成本。

传统的CFO（首席财务官）的职责主要包括：提供可靠的财务数据，建立决策支持的财务管理报告和分析体系，规划全面的预算管理体系，建立适合企业发展的商业模式等。使用区块链技术，这些职责都会受到潜移默化的影响，重新对CFO的职责进行定义，就能改变财务能动力。未来，财务管理与区块链技术的应用结合，必将进一步提高信息安全性。

1. 企业投资及资本运作

区块链可以提高团队的可见性和集成度，能够将过去各自为政的"谷仓效应"变为统一的网络系统。基于区块链的应用程序，对项目进行实时管理，就能具备较高的财务能力，在整个业务中财务主管就能对资金进行重新分配，提高投资组合的回报。

区块链技术还可以减少人工操作，提高财务效率。公司之间的交易中，区块链技术只会创建一个分布式账本；只有部门和子公司之间的对账，才能做到及时、透明且经双方确认；才能减少人力，将时间成本用在能够创造价值的事情上。例如，制定战略规划、支持更多的商业决策。

随着区块链技术的发展和审计自动化程度的提高，使用区块链，就能大大降低成本；财务部门节省成本，就能将更多的资金投入战略业务领域，从而提高股东的整体价值。

2. 建立财务管理报告和分析体系

在分布式账本中，每个节点的数据几乎都会同时更新，共享账本也能被应用于不同公司、法律实体和部门。首先，通过区块链系统，CFO可以看到每笔交易的动向，继而生成实时报表；还能提高对支付周期和资金流向的可见性，更好地进行分析预测和制定预算。

其次，区块链可以作为部门分析的宝贵数据来源，使关键战略和运营职能实时地做出决策。

最后，借助区块链技术，分布式账本可以提供近乎实时的信息，减少过去所需法定报告、监管报告和管理报告的周期，更快地发现市场趋势和有价值的信息，帮助企业发展它们的供应链、业务模型和流程。

3. 建立适合发展的商业模式

通过新交易的启用和整个业务模型的改变来影响未来战略。在区块链环境中，可以将财务嵌入数字资产、物理资产和金融资产进行自动交易，不仅可以提供单一的、真实的数字来源，还可以大大降低资产转移的成本，实现公司资产和交易的实时视图。

业务目标决定着技术和数字业务模型，数据管理策略是企业所有数字化发展的核心，区块链才是解决企业数据问题的重要方式。

4. 提供可靠的财务数据

区块链技术，可以提高财务数据的准确性和安全性，让数据分析变得更加容易，如"智能合约"技术。智能合约一般都会将业务逻辑放置于代码中，并在区块链上存储、验证和执行，这样就大大减少了时间和人力。

此外，所有交易和后续会计分录的准确性，都需要用密码学数学来维护。使用共享分类账，从源头验证数据，不仅让它难以被破坏，还能够防止某些应用程序中的欺诈行为，确保数据的准确性和完整性。

5. 管理与外部资本的合作

区块链不仅能对资产的转移方式进行跟踪，还能将供应链公开可见地运行在分布式网络上。如此，竞争对手就能访问彼此的信息，更多的业务也会出现在协作和多企业环境中，从根本上改变传统的业务实践。

四、产品销售：区块链为产品销售提供信息

数据显示，运用区块链技术，可以增加面向用户的数字产品。

美国专利和商标局曾发布过一项沃尔玛提交的最新专利申请文件，概述了一项可以追踪商店出售给特定用户的商品的区块链分布式账本。按照这项专利，用户在第一次购买商品后，就可以注册该商品；详细说明了"分布式交付记录区块链"的更新流程，产品从卖家到快递员到买家，每一次转移都是一次新交易。

该公司是这样描述这一内容的：

商品想要从商家转移到快递员，需要商家和快递员分别使用各自的私钥签名。在新交易被添加到分布式交付记录区块链之前，商家、快递员、用户或其他节点都要进行广播和验证。当包裹从快递员传递到用户时，快递员可以用自己的私钥对代表实物资产的数字资产进行授权，如此，从快递员转移到用户的最新数据就得到了更新。

如今，沃尔玛还将区块链技术运用在生鲜食品领域。通过区块链技术，收集食品供应商的具体信息，如食物原产地、生长方式，以及质量监督过程等，沃尔玛就能以最快的速度发现食品中存在的问题、锁定受污染的食品来源、快速将其下架，减少用户跟这些商品的接触，继而提高食品安全。

后记

无为而治　极简执行

　　本书的写作源于特定情境下的因缘聚合，也是对我这么多年来学习和实践管理学的总结。写作之初，我根据所列提纲，收集了大量管理学及执行力方面的书籍和书籍之外的资料，但随着写作的深入，我发现如下问题：这本书我到底要写给谁看，写这本书的核心意义到底是什么，我是否要把相关理论导入并做翔实的解读，等等。一段时间以来，我似乎迷失了方向，甚至想放弃这本书的写作。后来，我在一次国外机场转机的时候，买到一本关于重建商业模式的英文版书籍，我阅读后深受启发，任何一本书都是作者和读者心境的交流，见地和思想的共鸣是基础，由一本书所传递的信息而引发的思考才是正向能量的承负。于是，我把之前的目录及部分内容又全部推翻了，重新列目录、收集资料，重新写作。

　　我想通过本书告诉大家，无为而治是管理的最高境界，好的管理就是不管理。如果简单地概括一下管理过程，就是0和1，及从0到1再到0。从0到1，标志着企业家的成功；从1到0，标志着企业家的成熟和卓越。管理的核心是执行，执行越简单越好。在本书中，我从管理平台建立、人才培养、团队打造、沟通机制、员工激励、制度保障、文化赋能等方面对"极简执行力"的有效落地实施做了阐述，同时，结合现代区块链技术的应用，简要分析了区块链赋能极简执行力的特点及具体应用。

　　管理平台化，执行越简单越好，以下是我认知的最核心的4个基础：

（1）人才使用。使用人才时要根据员工的品德、智慧、学识等授予一定的职责和权力，要高度信任他们，充分放权、授权，做到疑人不用、用人不疑。

（2）文化建设。要用先进的思想和理念来引领员工，用文化去感召人，让文化的魅力浸润员工的心田，用文化品位去提升员工的品位。

（3）综合修养。要想达到管理的最高境界，就要懂得谦卑，懂得仁爱，能够包容，信守诚信，善于应变。

（4）规范制度。要制定规范的制度，约束员工的行为，提高员工工作的主动性和积极性，进而提高执行力。

本书的顺利出版，要感谢各位领导、朋友及家人的鼎力支持。

本书写作于本人在英国剑桥大学做博士后研究期间，因时间紧迫，书中恐有诸多不足之处，欢迎交流指正。

参考文献

[1] 忻榕，陈威如，侯正宇. 平台化管理——数字时代企业转型升维之道 [M]. 北京：机械工业出版社，2019.

[2] 马玉峰，黄雨菲. 赢在责任心 胜在执行力 [M]. 北京：中国商业出版社，2018.

[3] 赵伟. 沟通力就是执行力 [M]. 北京：台海出版社，2018.

[4] 高朋. 管团队，管的就是执行力 [M]. 北京：台海出版社，2018.

[5] 孙尚敏. 如何把复杂的管理简单化 [M]. 北京：中国石化出版社，2016.

[6] 曾颖. 把下属培养成你：提升团队执行力的学问 [M]. 北京：金城出版社，2018.